山东省社会科学规划研究项目重点项目（项目编号：16BLYJ02）

U0674361

刘兴智 ◎ 著

山东省旅游产业发展的人才支持体系研究

中国财经出版传媒集团

经济科学出版社

Economic Science Press

图书在版编目（CIP）数据

山东省旅游产业发展的人才支持体系研究/刘兴智著.
—北京：经济科学出版社，2021.7
ISBN 978 - 7 - 5218 - 2699 - 9

Ⅰ.①山…　Ⅱ.①刘…　Ⅲ.①旅游业发展 - 人才培养 -
研究 - 山东　Ⅳ.①F592.752

中国版本图书馆 CIP 数据核字（2021）第 140178 号

责任编辑：孙丽丽　撒晓宇
责任校对：易　超
责任印制：范　艳　张佳裕

山东省旅游产业发展的人才支持体系研究

刘兴智　著

经济科学出版社出版、发行　新华书店经销
社址：北京市海淀区阜成路甲 28 号　邮编：100142
总编部电话：010 - 88191217　发行部电话：010 - 88191522
网址：www.esp.com.cn
电子邮箱：esp@esp.com.cn
天猫网店：经济科学出版社旗舰店
网址：http://jjkxcbs.tmall.com
北京财经印刷厂印装
710 × 1000　16 开　8.5 印张　110000 字
2021 年 7 月第 1 版　2021 年 7 月第 1 次印刷
ISBN 978 - 7 - 5218 - 2699 - 9　定价：38.00 元
（图书出现印装问题，本社负责调换。电话：010 - 88191510）
（版权所有　侵权必究　打击盗版　举报热线：010 - 88191661
QQ：2242791300　营销中心电话：010 - 88191537
电子邮箱：dbts@esp.com.cn）

前　　言

　　旅游产业已经成为山东省的重要支柱产业,随着供给侧结构性改革的深入推进,未来山东省旅游产业的发展将更加依赖于管理创新、技术创新。作为创新之源的旅游人才对旅游产业发展的推动作用将越发明显,在新形势下研究山东省旅游产业发展的人才支持体系的现状、问题及建设对策显得必要而迫切。本书主要包括以下几部分内容。

　　第一章,山东省旅游产业发展的现状与未来。本部分首先界定了旅游产业的内涵及范围,然后从总体情况、空间格局和总体特征三个方面分析了山东省旅游产业的发展概况,最后分析了未来山东省旅游产业发展的趋势。

　　第二章,山东省旅游产业人才队伍的现状与未来。本部分首先界定了旅游产业人才的内涵及分类,其次通过网络获取和实地调研等渠道搜集资料,运用统计分析方法对山东省旅游产业人才总量与结构进行了深入分析,紧接着从旅游本专科教育、旅游管理硕士教育、旅游培训三个方面梳理了山东省旅游产业人才的培养状况,最后从人才类型、人才质量两个方面分析了未来山东省旅游产业发展对旅游人才的需求。

　　第三章,山东省旅游产业人才队伍建设存在的问题。本部分基于典型地区和旅游企事业单位的访谈和问卷调查,从招聘、培训开发、激励以及规划四个方面深入分析了山东省旅游人才队伍建设的问题及原因。

　　第四章,新时代山东省旅游产业人才队伍建设理念。本部分结合新时代党和国家提出的新发展理念和新发展战略，梳理了高质量发展理念、现代化治理理念和新旧动能转换理念的内涵，论述了三大理念指导下，山东省旅游人才队伍建设应秉持的基本思想。

第五章，山东省旅游产业人才队伍建设的对策与建议。本部分从利益相关方治理的视角提出了山东省旅游人才队伍建设的对策与建议，包括旅游主管部门要加强引导和规划管理，旅游院校要明确培养目标和改革办学思路，旅游企业要强化人才战略的谋划和运营，旅游行业协会要发挥服务、桥梁和协调作用等。

第六章，研究总结。本部分从山东省产业发展的典型特征、山东省旅游产业人才队伍建设成效、山东省旅游产业人才队伍建设存在的突出问题、山东省旅游人才队伍建设对策四个方面对研究进行了总结。

研究表明，人才支持体系是旅游业持续发展的关键所在。区域产业人才总量及结构与区域产业发展状况之间是动态的平衡关系，无论是产业人才队伍建设超前还是滞后，都会降低产业运营效率。如果产业人才队伍建设存在问题，那么问题的实质是产业人才队伍建设不适应产业的发展，因此，产业人才队伍建设的目标应该服务于产业的发展。

目　　录

导论 ……………………………………………………………… 1

第一章　山东省旅游产业发展的现状与未来 ……………………… 8

　　第一节　旅游产业内涵及范围 ………………………………… 8

　　第二节　山东省旅游业发展概况 …………………………… 15

　　第三节　未来山东省旅游产业发展前景 …………………… 33

第二章　山东省旅游产业人才队伍的现状与未来 …………… 39

　　第一节　旅游产业人才的内涵及分类 …………………… 39

　　第二节　课题研究数量分析方法的设计 ………………… 43

　　第三节　山东省旅游产业人才总量与结构 ……………… 46

　　第四节　山东省旅游产业人才培养现状 ………………… 56

　　第五节　山东省旅游产业人才未来需求分析 …………… 69

第三章　山东省旅游产业人才队伍建设存在的问题 ………… 75

　　第一节　招聘方面存在的问题 …………………………… 75

　　第二节　培训开发方面存在的问题及原因 ……………… 78

　　第三节　激励方面存在的问题及原因 …………………… 81

　　第四节　规划方面存在的问题及原因 …………………… 83

第四章　新时代山东省旅游产业人才队伍建设理念 ················ 86

　　第一节　高质量发展理念 ················ 86

　　第二节　现代化治理理念 ················ 89

　　第三节　新旧动能转换理念 ················ 92

第五章　山东省旅游产业人才队伍建设的对策与建议 ··········· 96

　　第一节　旅游主管部门要加强引导和规划管理 ··········· 96

　　第二节　旅游院校要明确培养目标和改革办学思路 ········ 101

　　第三节　旅游企业要强化人才战略的谋划和运营 ········· 105

　　第四节　旅游行业协会要发挥服务、桥梁和协调作用 ······ 108

第六章　研究总结 ················ 113

附录 ················ 116

参考文献 ················ 125

后记 ················ 129

导　论

一、研究目的及意义

山东是齐鲁文化的孕育地,同时也是儒家文化的发祥地。山东省人民政府于 2013 年 8 月 5 日下发《关于提升旅游业综合竞争力加快建成旅游强省的意见》,指出山东省应完善旅游服务体系,创新体制机制,强化品牌建设,推进旅游业转型升级,力争把山东省旅游业培育成人民更加满意的服务业和山东省国民经济的支柱产业。"旅游强省"战略的实施,使山东省旅游产业快速发展,2016 年山东旅游消费总额突破 8000 亿,2017 年黄金周实现旅游收入 559.6 亿元,位于全国之首。山东已经成为全国的旅游大省,然而离"旅游强省"还有较大提升空间,要实现这一目标,人才是基础,人才是保证,人才支撑体系是旅游业持续发展的关键所在[①]。相关研究主要有:

1. 旅游业对经济社会发展的贡献研究

《中华人民共和国国民经济和社会发展第十三个五年（2016～2020 年）规划纲要》全文共 20 篇 80 章,其中直接、明确地给旅游

---

① 陈志学. 论实现世界旅游强国的人才建设［J］. 旅游学刊, 2001 (3): 34 - 38.

业确定发展目标、下达发展任务、提出发展要求的内容达 15 处之多，另有更多的内容涉及旅游和相关产业。这既显示了进入大众旅游时代，广大人民群众旅游消费的旺盛需求，也表明了在社会发展和国民经济体系中旅游业地位的提升。近年来关于旅游业对经济社会发展贡献的研究主要体现在三个方面：一是旅游业对经济增长的贡献①②③④；二是旅游业对就业的贡献⑤⑥；三是旅游业对产业结构优化的贡献⑦。

2. 旅游人才队伍建设对旅游产业发展的影响研究

学者们一般认为，人力资本对宏观经济的发展具有明显的促进作用。苏米安达·丁达（Soumyanda Dinda）指出一国或地区的经济发展有赖于当地人力资本存量的增加和质量的提升⑧。郭本海等以江苏省为例，通过实证分析，验证了高科技人才对新兴产业发展的显著促进作用⑨。当前，旅游市场面临着愈发激烈的竞争，需不断开发富有吸引力的旅游新产品和服务来满足消费需求。尤其是旅游资源的优化整合、旅游市场品牌的创建等战略行为更需要高端人才的支撑。董皓等以陕西省旅游产业为例，通过实证研究，证明了旅游从业人员素质对旅游产业发展具有重要影响⑩。何俊阳等以湖南

---

① Seetanah B. Assessing the dynamic economic impact of tourism for island economies ［J］. *Annals of Tourism Research*，2011，38（1）：291 – 308.

②⑥ 赵蕾. 旅游业对黑龙江省经济社会发展的贡献分析［J］. 黑龙江社会科学，2009（4）：74 – 76.

③ 唐志强. 旅游业对区域经济发展的贡献度研究［J］. 开发研究，2011（5）：59 – 61.

④ 李秋雨，朱麟奇，刘继生. 中国旅游业对经济增长贡献的差异性研究［J］. 中国人口·资源与环境，2016（4）：73 – 79.

⑤ 石培华. 中国旅游业对就业贡献的数量测算与分析［J］. 旅游学刊，2003（6）：45 – 51.

⑦ 柴寿升，龙春凤，邓丽媛. 青岛旅游业对区域产业结构优化的贡献研究［J］. 中国人口·资源与环境，2012（6）：152 – 157.

⑧ Soumyanda D. Social capital in the creation of human capital and economic growth：A productive consumption approach ［J］. *The Journal of Socio-Economics*，2008（5）：2020 – 2033.

⑨ 郭本海，方志耕. 江苏科技人才与新兴产业发展的典型相关分析［J］. 科技与经济，2010（3）：77 – 81.

⑩ 董皓，李纪华. 基于因子分析法的陕西省旅游产业影响因素分析［J］. 统计与信息论坛，2013（12）：88 – 94.

省为例，通过实证研究，证明了中高端人才对省域旅游业运营效率的重要支撑作用①。

3. 旅游产业人才队伍建设存在的问题研究

当旅游产业人才队伍建设与旅游产业的发展不适应时，就说明旅游产业人才队伍建设出现了问题。关于该问题的研究主要体现在两个层面：一是从国家层面进行研究，陈志学指出我国的旅游人才建设工作取得了显著成绩，但是，从横向与发达国家相比、纵向与新世纪所要承担的重任来看，旅游人才建设仍存在总量不足、分布不合理、结构不理想、急需人才缺乏、人才外流严重等问题②；二是从区域层面进行研究，高爱颖对山东省旅游人才队伍建设存在的问题进行了研究，指出山东省在旅游人才队伍区域分布、结构、教育培养与培训、稳定性、行业管理等方面不同程度地存在问题。而这些问题形成的原因包括人才成长的职业环境、社会环境、保障机制、教育培养、工作环境、公共配套环境等③。

4. 旅游产业人才队伍建设策略研究

旅游人才队伍建设是一项复杂的系统工程，涉及面广，研究者们从众多角度提出了旅游人才队伍建设的策略，主要包括以下几个方面：一是关于旅游人才培养和培训的研究，如张丹宇（2015）、刘雁（2014）从高校的角度探讨了如何创新旅游专业人才培养模式④⑤；二是关于旅游人才收入分配、激励与保障机制的研究，如刘中艳（2011）基于人才集聚效应对旅游饭店业职业经理人激励机

①　何俊阳，贺灵，刘中艳. 省域旅游业运营效率及其影响因素的实证分析 [J]. 求索，2015（4）：99 – 103.

②　陈志学. 论实现世界旅游强国的人才建设 [J]. 旅游学刊，2001（3）：34 – 38.

③　高爱颖. 山东省旅游人才队伍建设研究 [J]. 山东社会科学，2013（9）：152 – 155.

④　张丹宇. 高校旅游管理专业应用型创新人才培养模式 [J]. 学术探讨，2015（2）：73 – 77.

⑤　刘雁. 我国旅游管理本科人才培养模式研究新探索 [J]. 社会科学战线，2014（2）：275 – 276.

制进行了研究①；三是旅游人才的开发与管理的研究，如陈志学和余昌国（2003）对旅游人才开发管理中的十大关系进行了分析②。

综上所述，目前在旅游产业的地位、贡献，旅游人才队伍对旅游产业发展的支撑作用，旅游人才队伍建设存在的问题、原因及对策等方面已经具有比较丰富的研究成果，为本书提供了坚实的基础。随着我国经济社会发展进入新常态，山东省旅游产业的发展以及旅游人才队伍建设必将面临新的挑战，迫切需要根据新形势，更加系统地思考山东省旅游产业发展的现状与未来，分析山东省旅游产业人才队伍建设中出现的新问题，提出新对策。

因此，本书的实践意义在于：探讨新形势下山东省旅游产业发展的人才支持体系建设问题与对策，为山东省旅游人才队伍建设提供路径和方法指导；本课题研究的理论意义在于：建立了一套可复用的区域产业人才支持体系诊断与建设路径。

二、研究内容、基本思路和方法

1. 主要内容

（1）山东省旅游产业发展的现状与未来。本部分在界定旅游产业内涵及范围的基础上，对山东省旅游产业的总体发展状况与特征进行分析，并探讨了未来山东省旅游产业的发展前景。

（2）山东省旅游产业人才队伍的现状与未来。本部分首先界定旅游产业人才的内涵及分类，设计课题研究的数量分析方法，在此基础上分析山东省旅游产业人才总量与结构、山东省旅游产业人才政策情况、山东省旅游产业人才培养现状，最后对山东省旅游产业

① 刘中艳. 基于人才集聚效应的旅游饭店业职业经理人激励机制研究 [J]. 湖南社会科学，2011（4）：123 – 125.
② 陈志学，余昌国. 旅游人才开发管理中的十大关系 [J]. 旅游学刊，2003（S1）：6 – 9.

人才的未来需求进行分析。

（3）山东省旅游人才队伍建设存在的问题及原因分析。本部分基于山东省旅游产业历史数据及实地调研资料，从招聘、培训、激励和规划四个方面展开分析旅游人才队伍建设的问题及原因。

（4）山东省旅游产业人才队伍建设措施与政策建议。产业人才队伍建设是一个系统问题，涉及众多产业主体，需要各主体协同方能取得较为理想的效果。就旅游产业人才队伍建设而言，需要旅游主管部门加强引导和规划管理，需要旅游院校明确培养目标和改革办学思路，需要旅游企业强化人才战略的谋划和运营，需要旅游行业协会发挥服务、桥梁和协调作用，以上四个方面也是本部分的四个研究重点。

2. 基本思路与框架

以现代产业发展理论和人力资源管理理论为基础，归纳总结国内外在相关领域的研究文献资料，形成本书的研究思路：首先对山东省旅游产业发展的现状与未来进行分析，然后过渡到对山东省旅游产业人才队伍现状与未来的分析，明确山东省旅游人才队伍建设存在的问题及原因，最后提出山东省旅游人才队伍建设措施与对策建议，如图 0 - 1 所示。

3. 研究方法

通过文献研究梳理研究现状，明确研究思路和框架，分析山东省旅游产业人才政策情况；采用重点调查法调研旅游管理部门和企业，把握山东省旅游产业发展的现状与未来，分析山东省旅游人才队伍建设存在的问题及原因；采用统计分析方法，分析山东省旅游产业人才培养状况，刻画山东省旅游产业人才队伍现状；运用演绎法，分析山东省旅游产业人才的未来需求，提出山东省旅游人才队伍建设的对策与建议。

```
                              ┌──────────┐
                              │   导论   │
                              └────┬─────┘
┌────────────────┐    ┌──────────────┐  ┌──────────────┐   ┌──────────────┐
│ 旅游产业内涵及范围 │    │ 山东省旅游产业发展 │  │ 山东省旅游产业人才 │   │ 旅游产业人才的 │
└────────────────┘    │   的现状与未来   │  │   队伍现状与未来  │   │   内涵及分类   │
┌────────────────┐    └──────────────┘  └──────────────┘   └──────────────┘
│ 山东省旅游产业的  │                                       ┌──────────────┐
│ 总体特征与发展评价 │                                       │ 课题研究数量  │
└────────────────┘                                       │ 分析方法的设计 │
┌────────────────┐                                       └──────────────┘
│ 未来山东省旅游   │                                       ┌──────────────┐
│ 产业发展前景    │                                       │ 山东省旅游产业 │
└────────────────┘                                       │ 人才总量与结构 │
                                                         └──────────────┘
┌────────────────┐                                       ┌──────────────┐
│   招聘方面     │                                        │ 山东省旅游产业 │
└────────────────┘                                       │ 人才政策情况  │
┌────────────────┐                                       └──────────────┘
│   培训开发方面   │                                       ┌──────────────┐
└────────────────┘    ┌──────────────┐                    │ 山东省旅游产业 │
┌────────────────┐    │ 山东省旅游人才队伍建设存 │          │ 人才培养现状  │
│   激励方面     │──── │ 在的问题及原因分析  │             └──────────────┘
└────────────────┘    └──────────────┘                    ┌──────────────┐
┌────────────────┐    ┌──────────────┐                    │ 山东省旅游产业 │
│   规划方面     │     │ 山东省旅游产业人才队 │             │ 人才未来需求分析 │
└────────────────┘    │ 伍建设措施与政策建议 │             └──────────────┘
                      └──────────────┘
                      ┌──────────────┐
                      │ 结论与研究展望  │
                      └──────────────┘
```

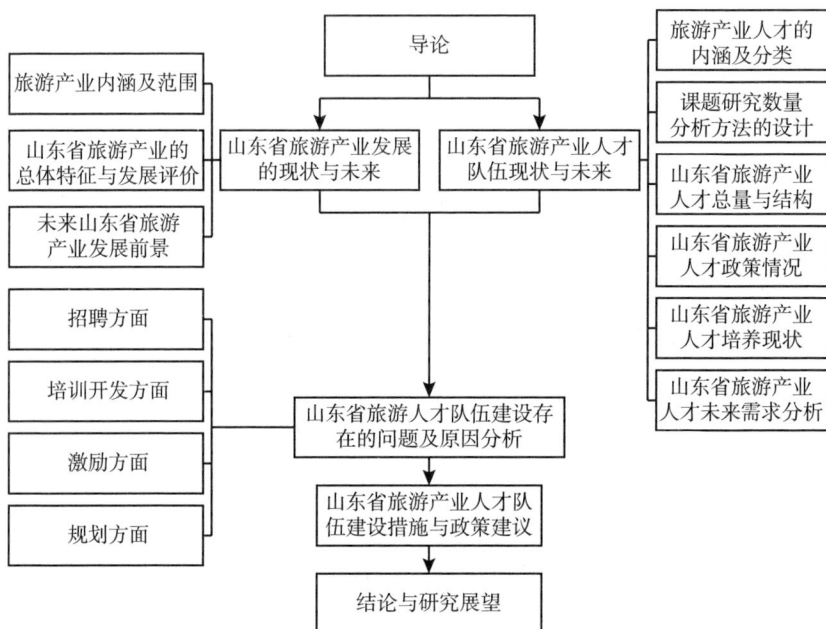

图 0 - 1　研究思路与框架

三、主要观点及创新

1. 主要观点

（1）人才支撑体系是旅游业持续发展的关键所在。当前，旅游市场面临着愈发激烈的竞争，需不断开发富有吸引力的旅游新产品和服务来满足消费需求。尤其是旅游资源的优化整合、旅游市场品牌的创建等战略行为更需要高端人才的支撑。

（2）区域产业人才总量及结构与区域产业发展状况之间是动态的平衡关系。无论是产业人才队伍建设超前还是滞后，都会降低产业运营效率。

（3）如果产业人才队伍建设存在问题，其实质是产业人才队伍建设不适应产业的发展，产业人才队伍建设的目标应该服务于产业的发展。

2. 创新之处

（1）随着我国经济社会发展进入新常态，山东省旅游产业的发展以及旅游人才队伍建设必将面临新的挑战，本书将以创新、协调、绿色、开放、共享五大发展理念为指导，更加系统地研究山东省旅游产业发展的现状与未来，分析山东省旅游产业人才队伍建设中出现的新问题，提出新对策。

（2）以产业人才建设与产业发展适应性的视角分析山东省旅游产业人才建设的不足，更能够抓住产业人才建设问题的本质，并提出更具有针对性的措施和政策建议。

（3）产业人才队伍建设是一个系统治理问题，涉及众多产业主体，需要各主体协同方能取得较为理想的效果。本书基于利益相关方视角，分别从旅游主管部门加强引导和规划管理，旅游院校明确培养目标和改革办学思路，旅游企业强化人才战略的谋划和运营，旅游行业协会发挥服务、桥梁和协调作用四个方面提出了山东省旅游人才队伍建设的对策与建议。

第一章　山东省旅游产业发展的现状与未来

第一节　旅游产业内涵及范围

一、"旅游业"的含义

"旅游业"是指从事组织、招徕、接待旅游者，为旅游者提供交通、游览、住宿、餐饮、购物、娱乐、休闲、度假、信息等服务的行业。旅游业，国际上称为旅游产业，是以旅游资源为凭借、以旅游设施为条件，专门或者主要从事招徕、接待游客，为其提供交通、游览、住宿、餐饮、购物、文娱等环节的综合性行业。旅游业由旅游资源、旅游设施、旅游服务三大要素组成[①]。

学术界对旅游业（the tourism industry，北美地区尤其是美国习惯使用 the travel industry）的界定存在一个认知过程。基于实践中

---

① 山东省旅游局.《山东省旅游条例》解读［M］. 北京：中国旅游出版社，2011.

旅游业的发展，早期学者往往将旅游业和旅行社业等同起来，如日本旅游学者土井厚曾提出，旅游业就是在旅游者和交通、住宿及其他有关单位中间，通过办理旅游签证、中间联络、代购代销，通过为旅游者导游、交涉、代办手续，此外也利用本商社的交通工具、住宿设施提供服务，从而取得报酬的行业①。随着旅游业的发展，人们对此的认识也更加深入和广阔，不断趋向于"旅游业是一个综合性产业"的方向。1971 年联合国贸易与发展会议上提出："旅游部门或旅游业……从广义上可表达为生产全部或主要由外国旅游者或国内旅游者消费的产品或服务的工业和商业活动总和的体现。"②1979 年尼尔·莱珀（N. Leiper）也提出了类似的观点："旅游业是由旨在满足旅游者特定需求与愿望的所有企业、组织机构和设施组成的行业。"③ 世界旅游旅行理事会（WTTC）在 1998 年发表了《旅游业对经济的影响》的报告，报告中指出旅游业是"为旅游者直接提供产品和服务的行业和部门"④。美国学者唐纳德·兰德博格在《旅游业》一书中将"旅游业"定义为是为国内外旅游者服务的一系列相关联的行业。旅游关联到旅客、旅行方式、膳宿供应设施和其他各种事物。它构成一个综合性的概念——随着实践和环境不断变化的、一个正在形成和正在统一的概念⑤。

　　旅游业的定义来自世界旅游组织旅游教育理事会首任主席查尔斯·R. 格德纳（Charles R. Goeldner），其在著作《旅游学》一书中指出，作为一项经济概念，"旅游业是参与为游客提供旅游体验的多种经济活动、多种服务或多种行业的集合体……它包括所有旅

---

　　① 李天元. 旅游学概论［M］. 天津：南开大学出版社，2011：145.
　　② 谢彦君. 基础旅游学［M］. 北京：中国旅游出版社，2011：147.
　　③ Leiper N. The framework of tourism：Towards a definition of tourism，tourist，and the tourist industry［J］. *Annals of tourism research*，1979，6（4）：390 – 407.
　　④ 张陆，徐刚，夏文汇，杜晏. 旅游产业内部的行业层次结构问题研究——兼论旅游产业和旅游业的内涵及外延［J］. 重庆工学院学报，2001（6）：21 – 24.
　　⑤ 李天元. 旅游学概论［M］. 天津：南开大学出版社，2011：146.

游产品及相关服务的提供者，是一……综合性产业"①。

二、"旅游业"的界定标准

（一）传统的产业界定标准

"产业"一词在《管理学词典》中的解释是指"其主要业务或产品大体相同的企业类别的总称"。也就是说，主营业务基本相同或者它们的主要产品基本相同的同类企业组成一个产业，如工业、农业、金融业、电信业，等等。无论从微观的企业角度还是从较为宏观的产业角度进行分析，同类企业为经营该类业务或生产该类产品所作的投入，以及因此而实现的产出，都可以清楚地计算出来②。因此传统产业的特征都突出地表现在经济维度上，即通过产业运行实现产品交换是其根本的特性③。

从传统的产业标准来界定，旅游业显然不能算作一个产业。首先，旅游业不是由同类企业所构成，各相关企业的主营业务或主要产品自然也不尽相同。如，饭店企业所经营的主要是住宿产品，旅行社企业所经营的主要是旅行代理和包价组团业务，景点主要经营游览接待业务和娱乐。其次，因旅游业务的开展而发生的投入和产出难以清晰测算。因为基本上旅游企业的服务对象都不只局限于旅游者或异地来访的游客，还会包括当地居民和其他不属于旅游统计范围的其他旅行者。另外，一个旅游目的地的整体旅游产品是由诸多相关的传统产业或行业协同提供。而在测算旅游业的投入和产出

① Goeldner C. R, Ritchie J R B. *Tourism*：*Principles*，*practices*，*philosophies* ［M］. Hoboken：John Wiley & Sons，2006.
② 李天元. 旅游学概论 ［M］. 天津：南开大学出版社，2011：146.
③ 谢彦君. 基础旅游学 ［M］. 北京：中国旅游出版社，2011：146.

时，只能通过对细分传统产业，如交通业、住宿业、旅行社行业等相关产业的情况进行调查和分析，从而估算出旅游业的投入和产出。最后，因为旅游业中绝大多数旅游企业隶属于某一传统产业，所以世界上大多数国家在颁布标准产业分类中，甚至在联合国制定的《国际标准产业分类》中，都没有将旅游业列入独立的立项产业①。在我国《国民经济行业分类》（GB/T 4754－2011）中同样没有"旅游业"的立项，而是将旅游业中的细分产业按照传统标准划归到不同类别，如"H 住宿和餐饮业"、"G 交通运输、仓储和邮政业"、旅行社业划分到"L 租赁和商务服务业"等。

（二）旅游业的界定标准

随着旅游业的发展，各国在制定本国经济发展时，几乎都将旅游业纳为其中重要的内容。我国也发布了一系列促进旅游业发展的文件：如，2009 年《国务院关于加快发展旅游业的意见》；2011 年《2011~2015 年全国红色旅游发展规划纲要》《旅游业"十二五"发展规划纲要》；2012 年《关于金融支持旅游业加快发展的若干意见》《"十二五"全国旅游基础设施建设规划》；2013 年《国民旅游休闲纲要（2013~2020 年）》《中华人民共和国旅游法》；2014 年《确定促进旅游业改革发展的政策措施》《关于促进旅游业改革发展的若干意见》；2015 年《关于进一步促进旅游投资和消费的若干意见》；2016 年《国务院办公厅关于加强旅游市场综合监管的通知》《国务院关于印发"十三五"旅游业发展规划的通知》。

旅游作为一项产业，已然是客观存在，旅游业不像传统产业那样边界分明只是说明了旅游业的特点②。《中国旅游大辞典》中提到"现代旅游业不是传统意义上的单一产业，而是一个不断发展的

---

① 李天元．旅游学概论［M］．天津：南开大学出版社，2011：146.
② 李天元．旅游学概论［M］．天津：南开大学出版社，2011：147.

跨越许多领域的产业集群"①。因此，旅游业的界定标准区别于传统产业，是一个需求取向的而非供给取向的，是基于相同服务对象而非基于相同的业务或产品②。

三、"旅游业"的产业范围

我国旅游业的产业范围可以从旅游者旅游活动的内容构成进行分析，基于旅游者活动内容涉及的要素，如行、游、住、食、购、娱，分成八个部门③：

（一）交通运输部门

主要负责旅游业中的旅游交通，旅游交通即旅游者通过某种手段或方式，实现从一个地点到达另外一个地点的空间转移过程。交通运输对旅游活动的发展有着十分重大的影响，现代旅游业之所以能够发展到如今的规模，旅游者的活动范围之所以能够遍及世界各地，其中一个重要的技术前提便是现代交通运输的发展。交通运输的方式包括航空、陆路、铁路、水路及其他（如徒步、自行车、马车等）。

（二）旅游景点部门

旅游景点是指那些由某一组织或企业对其行使管理的封闭式旅游景点。旅游景点的分类有多种方式，如按照旅游景点所依赖的吸

① 邵琪伟. 中国旅游大辞典［M］. 上海：上海辞书出版社，2012：435.
② 李天元. 旅游学概论［M］. 天津：南开大学出版社，2011：148.
③ 李天元. 旅游学概论［M］. 天津：南开大学出版社，2011：150.

引因素的成因分为自然旅游景点和人文旅游景点；按照旅游景点的内容或表现形式，分为古代遗迹、历史建筑、博物馆、美术馆、公园和花园、野生动物园区、主体公园、早期产业旧址；按照旅游景点的质量等级分为 5A ~ A 五个等级，等等。旅游景点是旅游资源的重要组成部分和典型体现，因此旅游景点在目的地旅游业整体产品构成中居于中心地位。

（三）住宿服务部门

住宿业是旅游业的三大支柱行业之一。住宿业的发展同旅游活动密切相关，饭店的数量、类型和发展模式也都在随之不断变化。据世界旅游组织估计，全世界饭店客房总量的年增长率约为2.5%[1]。饭店的类型也在随旅游需求的变化而不断变化，大致来讲可以按照目标市场划分为：商务饭店、度假饭店、主题饭店、家庭旅馆等，也可以按照规模或档次分为大中小型或高中低档。饭店的发展模式则比较倾向于集团化发展。

（四）餐饮服务部门

餐饮（饮食）服务业是一种古老的商业模式，是从早期的旅店和修道院中分离出来的。随着交通的发展，先是在道路沿线和一些社区出现了专门经营餐饮的商铺。之后随着城市的发展，餐馆也开始增多。餐饮服务可以分为快餐店、自助餐馆和传统餐馆。其中传统餐馆又分为独立自营和饭店内营。据美国餐馆协会的统计，旅游者在餐饮上的花费要比除交通以外的任何花费都多，旅游者的消费占了餐饮服务行业总销售额的约三分之一。

---

[1]　查尔斯·R. 格德纳. 旅游学（第 10 版）[M]. 北京：中国人民大学出版社，2008：140.

（五）旅游纪念品/用品零售部门

这归因于旅游活动中的购物环节。购物是旅游者活动的重要组成部分。不管是国内还是国际游客，购物在其旅游过程中都是一项具有普通意义的活动。为了方便游客购物，很多景点、度假村和饭店都设有商店，而机场更成为事实上的购物中心。

（六）娱乐服务部门

娱乐是一个多样化的细分行业，给制造业、零售业和服务业带来了数百万就业岗位。娱乐用品制造商规模往往都比较大，如休闲用车制造商、台球设备、滑雪橇，等等。随着人们对娱乐质量的更高追求，娱乐的供给方也在想尽一切办法提升其内涵。

（七）旅行社部门

旅行社企业通常被称之为旅游中间商，因为它充当了饭店和航空公司等旅游供应商的产品分销渠道。在我国《旅行社条例》中对旅行社的定义是这样的："旅行社是指从事招徕、组织、接待旅游者等活动，为旅游者提供相关旅游服务，开展国内旅游业务、入境旅游业务或者出境旅游业务的企业法人。"旅行社分为旅游批发商和旅游零售商，两者的区别在于批发商组合出包价旅游产品后，自己不直接面向消费者大众出售这些产品，而是通过第三方，即零售商向大众进行零售。伴随互联网的发展，旅行社的经营方式早已从传统的实体门店发展为线上线下等多种模式。

（八）旅游行政机构和旅游行业组织

这两个部门主要作用是协调和监督，同时对旅游资源进行整合，规范旅游市场秩序。

前六个部门分别直接提供行、游、住、食、购、娱等项服务，旅行社部门是销售渠道，旅游行政机构和旅游行业组织是间接服务部门。随着旅游业的快速发展，旅游发展模式由单一、微观、具体的第三产业，向综合性产业转变，旅游业涉及的细分行业越来越多，如山东已经进入"大众旅游时代"，产业链涉及 110 多个部门[1]。

2015 年我国就旅游及相关产业的统计分类做出了明确的范围界定[2]，详见附录。

第二节　山东省旅游业发展概况

一、山东省旅游业总体发展情况

（一）旅游业发展环境不断优化

山东省委、省政府高度重视旅游业发展，2006 年先后出台了三

---

[1]　《山东省旅游条例》释义，2017：20.
[2]　国家统计局，http://www.stats.gov.cn/tjsj/tjbz/201508/t20150821_1233792.html。

个重要文件：山东省人民政府办公厅于 2016 年 9 月 27 日印发《关于贯彻国办发〔2016〕5 号文件加强旅游市场综合监管的通知》，吹响了全面提高旅游服务质量，推进旅游强省建设的号角；2016 年 9 月 1 日印发《关于转发省旅游发展委贯彻促进旅游产业转型升级实施方案的通知》，推动旅游投资和消费持续增长，深化旅游综合改革，促进全域旅游发展，实现旅游产业转型升级；2016 年 11 月 15 日，为加快全省星级饭店发展和提质增效，全面提高山东省旅游承载能力和接待水平，优化提升城市功能和综合素质，推动产业转型升级，经省政府同意，山东省旅游发展委员会、省发展和改革委员会、省财政厅、省国土资源厅、省地方税务局联合印发《关于促进山东省饭店发展的意见》。2016 年 11 月 26 日山东省第十二届人民代表大会常务委员会第二十四次会议通过了新的《山东省旅游条例》（2016）。2017 年 12 月 18 日，为进一步加强和规范省级旅游发展专项资金管理，充分发挥财政资金的导向和激励作用，提高资金使用效率，推动山东省入境旅游发展和旅游目的地建设，山东省旅游发展委员会、省财政厅联合印发《山东省入境旅游奖励暂行办法》。2018 年 12 月 4 日，深入落实中央关于全域旅游的决策部署，进一步推进实施新旧动能转换重大工程，积极创建国家全域旅游示范省，现结合山东省实际，山东省委、省政府印发《大力推进全域旅游高质量发展实施方案》。2019 年 4 月 1 日，为着力推进旅游演艺转型升级、提质增效，充分发挥旅游演艺作为文化和旅游融合发展重要载体的作用，山东省文化和旅游厅印发《关于促进旅游演艺发展的指导意见》。2019 年 4 月 26 日，为有效提升山东省旅游服务品质，山东省文化和旅游厅关于印发《山东省旅游服务质量提升专项行动方案》，在全省范围内开展旅游服务提升活动。2019 年 7 月 17 日，为全面推动 A 级旅游景区规范化、制度化、标准化建设，着力提升旅游景区管理水平和服务质量，不断提高旅游产品供给质量，切实维护山东省 A 级旅游景区的良好品牌形象，山东省文化和旅游厅印发《2019 年全省 A 级旅游景区体检式检查工作方案》，在全省范围内开展 A 级旅游景区体检式检查工作。2019 年 11 月 5 日，为贯彻落实《国务院办公厅关于进一步激发文化和旅游消费潜力的意见》精神，繁荣发展夜间经济，进一步转方式、调结构、扩内需、促消费，加快培育文化和旅游产业发展新动能，更好满足人民群众美好生活新期待，山东省人民政府办公厅印发《夜间旅游发展的实施意见》。2020 年 1 月 3 日，为贯彻习近平新时代中国特色社会主义思想和党的十九大精神，落实中央宣传部、文化和旅游部、财政部印发的《非物质文化遗产传承发展工程实施方案》精神，进一步推进山东省非物质文化遗产传承发展，山东省委宣传部、山东省文化和旅游厅、山东省财政厅联合制定了《山东省非物质文化遗产传承发展工程实施方案》。

2016 年以来，山东省政府召开了多次重要会议：2016 年 5 月 16 日，山东省政府召开了全省旅游产业发展大会，贯彻落实中央关于促进旅游业发展的政策措施，安排部署全省旅游业发展工作；2016 年 11 月 15 日，山东省人民政府召开了全省旅游厕所建设管理现场会，加快推进全省旅游厕所建设管理工作；2016 年 8 月 30 日，省政府召开了全省十大文化旅游目的地品牌建设推进会。委托联合国世界旅游组织编制了《山东省旅游产业总体发展规划 2016 ～ 2025》。2017 年 3 月 24 日，省政府旅游工作联席会议第二次全体会议在济南召开，会上，27 个部门签署了 14 个全域旅游联合推进计划，合力推动全域旅游发展。2020 年 4 月 7 日，山东省政府召开常务会议，研究文化旅游融合发展、村庄规划编制、能耗指标收储使用管理等工作。会议强调，要推动文化与旅游深度融合，在资源共享、优势互补、协同共进上下功夫，加快文化旅游与一二三产业跨界融合，拓展优化文化旅游产业链，培育发展新业态，增强文化旅游发展新动能。要大力实施文化旅游精品工程，丰富产品供给，提升服务质量，加快打造全域旅游示范省、文化旅游融合发展新高地、国际著名旅游目的地。要积极应对新冠肺炎疫情影响，落实好各项支持文旅产业发展的政策措施，促进文旅消费回补和行业恢复，尽最大努力把疫情造成的损失抢回来。

山东省各地党委、政府重视程度空前提高，日照、威海、莱芜、淄博等市相继召开旅游产业发展大会。烟台、临沂、济南历城、青岛崂山等 21 个市县积极开展国家全域旅游示范区创建工作，深入推进全域旅游高质量发展。

（二）旅游业发展总体成效显著①

山东省各级政府对旅游产业的高度重视为山东旅游业的发展创造了良好的环境，"十三五"期间，山东旅游产业发展取得了突出的成绩。

（1）文化旅游融合发展迈出新步伐。"十三五"时期，特别是机构改革以来，文化和旅游系统积极推进文旅融合实践探索，努力深化拓展文旅融合的深度和广度：注重文旅融合发展的统筹谋划，高标准编制《山东省文化旅游融合发展规划》，对全省文化和旅游融合发展作出顶层设计和战略指引；着力为文旅融合发展搭建平台，高水平举办 2020 旅游发展大会暨首届中国国际文化旅游博览会，创新举办国际孔子文化节、"一十百千万"文旅嘉年华等活动，彰显山东文旅融合特色；强化文旅融合发展的产业支撑，大力实施"文化＋""旅游＋"，积极发展文化遗产旅游、红色旅游、研学旅游、工业旅游、旅游演艺等文化旅游业态，推动创建文化和旅游产业融合发展示范区，积极培育夜间文旅消费集聚区；注重发挥大项目、大景区、大企业的引领作用，促进文旅产业规模化、高端化、精品化发展，涌现出尼山圣境、东方影都、齐河博物馆群等一批文

---

① 好客山东网，"十三五"时期山东文化和旅游发展交出亮眼成绩单，https：//www. sdta. cn/article/1607479568. html。

化旅游精品。

（2）文旅产业发展质量不断提高，优秀文化产品和优质旅游产品供给能力大幅提升。齐鲁文化影响力、"好客山东"美誉度日益扩大，人民群众的获得感、幸福感明显增强，文化旅游对全省经济社会发展的贡献度不断提高。全省全国文化先进县（先进单位）达到40个，国家公共文化服务体系示范区城市4个，国家公共文化服务体系示范项目8个，居全国前列；各类博物馆达到603家，省级以上文物保护单位1711处，均居全国第一位，世界遗产4处，全国重点文物保护单位226处；国家级非遗代表性项目173项，居全国第二位，"人类非遗代表作名录"项目8个。全省A级旅游景区发展到1200余家，其中5A级景区12家，数量分别居全国第一和第六位；国家全域旅游示范区达到8个，数量全国第一。

（3）公共服务体系建设全国领先。积极推进公共文化服务标准化均等化建设，省、市、县、乡、村五级公共文化服务设施网络基本实现全覆盖，全省公共图书馆、文化馆分别达到154个、157个，建成数量和上等级率均居全国前列。2015～2019年省级财政共投入资金3.6亿元，连续五年对经济欠发达地区村级文化设施建设予以扶持。8654个省扶贫工作重点村全部建成综合性文化活动室，提前完成文化扶贫任务。为58个省财政困难县（沂蒙革命老区县）配发流动文化服务车，率先建成面向视障人群的公益性数字文化服务应用平台——山东省盲人数字图书馆。

（4）精品旅游产业不断提质增效。出台《大力推进全域旅游高质量发展实施方案》，印发《山东省全域旅游发展总体规划》《山东省精品旅游发展专项规划》《山东省精品旅游景区建设三年行动方案》，大力发展精品旅游产业，威海华夏城景区、沂蒙山景区、黄河口生态旅游区成功创建5A级景区。新旧动能转换重大工程实施以来，全省重点文化旅游项目已竣工698个，完成投资4648.7亿元。

（5）旅游消费总额、旅游人次再创新高。2018 年，全省旅游消费总额 10461.2 亿元，比上年增长 13.7%，其中国内游客消费 9661.5 亿元，比上年增长 13.8%，入境游客消费 33.6 亿美元，增长 6.0%。接待国内游客 8.6 亿人次，增长 9.7%，接待入境游客 513.1 万人次，增长 3.8%。2019 年，全省旅游消费总额达到 11087.32 亿元，同比增长 12.08%。接待游客总数达到 9.38 亿人次，同比增长 8.56%，其中接待入境游客 521.26 万人次，同比增长 1.61%。

二、山东省旅游业发展空间格局

通过对 2010～2018 年山东 17 市旅游消费总额占比（见表 1-1）和旅游资源的分析，可以把山东省各市划分为三个梯队：第一梯队旅游产业相对发达，包括青岛、济南和烟台，旅游总收入占比一直保持在两位数以上，处于前三位，3 市旅游消费总额约占全省的 40%；第二梯队旅游产业次发达，包括潍坊、泰安、临沂、济宁、淄博、威海，6 市旅游消费总额约占全省的 45%；第三梯队旅游产业相对不发达，包括日照、枣庄、东营、德州、聊城、滨州、菏泽、莱芜，8 市旅游消费总额占全省的 16%。从空间上来看，仙境海岸旅游带、大运河世界文化遗产旅游带、齐长城世界文化遗产旅游带构成了全省旅游业发展的核心地带，尤其是处在"三带"联结处的节点城市——济南和青岛成为全省旅游发展的两个中心城市，充分发挥了全省旅游枢纽和口岸作用。

入境旅游热点地区，除青岛、烟台、威海 3 个沿海城市保持明显优势之外，泰安、潍坊和济南也有良好的表现，其中泉城济南入境游客消费增长趋势明显，2018 年，6 市入境游客消费占全省的 82.3%（见表 1-2）。

表1-1　　　　　2010~2018年山东各市旅游消费总额占比　　　　单位：%

山东及各市	2010年	2011年	2012年	2013年	2014年	2015年	2016年	2017年	2018年
山东	100	100	100	100	100	100	100	100	100
济南	10.3	10.2	10.2	10.2	10.2	10.5	10.5	10.6	10.8
青岛	19.0	18.2	17.9	17.8	17.8	18.0	17.9	17.8	17.8
淄博	7.0	7.0	6.9	6.8	6.7	6.6	6.6	6.6	6.6
枣庄	2.0	2.0	2.1	2.2	2.2	2.2	2.2	2.2	2.2
东营	1.5	1.5	1.6	1.6	1.7	1.8	1.8	1.8	1.9
烟台	10.8	10.8	10.5	10.5	10.4	10.4	10.4	10.5	10.3
潍坊	8.1	8.4	8.5	8.5	8.5	8.4	8.4	8.4	8.4
济宁	7.6	7.7	7.6	7.6	7.5	7.5	7.5	7.5	7.5
泰安	8.3	8.5	8.6	8.5	8.5	8.2	8.2	8.2	8.1
威海	7.2	6.8	6.6	6.5	6.5	6.4	6.5	6.5	6.2
日照	4.0	4.1	4.1	4.1	4.0	3.9	3.9	3.9	3.9
莱芜	0.7	0.7	0.8	0.8	0.8	0.8	0.7	0.7	0.7
临沂	7.8	7.8	7.9	8.0	8.0	7.8	7.9	7.9	7.9
德州	1.5	1.7	1.9	2.0	2.0	2.0	2.0	2.0	2.0
聊城	1.7	1.7	1.9	2.0	2.0	2.0	2.0	2.0	2.0
滨州	1.4	1.5	1.6	1.6	1.6	1.6	1.7	1.7	1.7
菏泽	1.2	1.2	1.4	1.5	1.6	1.7	1.7	1.7	1.9

资料来源：根据《山东旅游统计便览》（2011~2019）整理。

表1-2　　　　2010~2018年山东各市旅游入境游客消费占比　　　　单位：%

山东及各市	2010年	2011年	2012年	2013年	2014年	2015年	2016年	2017年	2018年
山东	100	100	100	100	100	100	100	100	100
济南	5.3	5.6	5.5	5.5	6.3	6.4	6.4	6.6	6.6

续表

山东 及各市	2010 年	2011 年	2012 年	2013 年	2014 年	2015 年	2016 年	2017 年	2018 年
青岛	27.9	27.0	28.2	29.1	30.3	31.7	32.0	32.2	34.6
淄博	4.3	4.5	4.4	4.2	3.5	3.3	3.2	3.2	3.1
枣庄	0.4	0.4	0.4	0.3	0.3	0.2	0.3	0.3	0.2
东营	1.5	1.6	1.7	1.7	1.9	1.8	1.7	1.7	1.5
烟台	17.5	18.4	16.5	17.0	17.4	17.9	18.0	18.4	18.2
潍坊	7.5	8.1	8.6	8.5	8.0	7.6	7.3	7.7	7.4
济宁	7.9	7.0	6.3	5.8	5.0	5.0	5.0	5.0	4.4
泰安	8.5	8.6	8.8	8.5	8.3	8.1	7.9	7.6	7.2
威海	8.9	8.6	8.6	8.7	8.9	8.7	8.9	8.6	8.2
日照	4.5	4.5	4.6	4.5	4.7	4.1	4.0	3.8	3.5
莱芜	0.1	0.2	0.2	0.2	0.2	0.2	0.2	0.2	0.2
临沂	3.6	3.6	3.9	3.7	3.6	3.4	3.3	3.1	3.1
德州	0.8	0.8	0.8	0.7	0.2	0.2	0.2	0.2	0.1
聊城	0.7	0.8	0.9	0.9	0.9	0.9	0.9	0.8	0.8
滨州	0.4	0.4	0.5	0.5	0.5	0.5	0.5	0.5	0.6
菏泽	0.1	0.1	0.1	0.1	0.1	0.1	0.1	0.1	0.1

资料来源：根据《山东旅游统计便览》（2011～2019）整理。

2010～2018 年来，旅游消费总额平均增长速度超过全省平均速度的有 10 个市（见表 1 - 3），其中济南、潍坊、临沂 3 市由于当地政府比较重视旅游产业发展，积极采取推进旅游基础设施建设、推进旅游项目投资、推进旅游人才队伍建设等有效措施，使旅游产业规模更上一层楼。

菏泽、德州、东营、聊城、滨州、枣庄、莱芜 7 市，近几年来旅游经济增长较快，但由于原有旅游经济基础薄弱，增长的绝对值不大。单从增长速度看，菏泽、德州两市最为突出。

表1－3　山东省各市旅游消费总额与入境游客消费平均增长速度　单位：%

山东及各市	旅游消费总额平均增长速度	入境游客消费平均增长速度
山东	16.61	5.73
济南	17.36	8.79
青岛	15.74	8.61
淄博	15.87	1.69
枣庄	17.94	－0.89
东营	20.03	6.42
烟台	15.95	6.26
潍坊	17.22	5.54
济宁	16.31	－1.79
泰安	16.30	3.55
威海	14.51	4.71
日照	16.17	2.33
莱芜	17.27	9.96
临沂	16.84	3.71
德州	20.71	－16.45
聊城	19.50	7.38
滨州	18.77	9.79
菏泽	23.55	5.44

资料来源：根据《山东旅游统计便览》（2011～2019）整理。

菏泽市深入挖掘"一都四乡"文化资源，以牡丹文化、水浒文化、黄河文化和红色文化倾力打造旅游景区，促进文化与旅游融合，大力发展乡村旅游，积极拓展生态旅游和会展旅游，使菏泽市旅游产业发展进入快车道。

德州市通过一系列有效措施，推进了德州市旅游业的高速发展：德州市委、市政府高度重视旅游业的发展，近年来出台了一系列有利于旅游业发展的政策法规，为旅游业的发展创造了良好的环境；坚持"规划先行，创意制胜"理念，积极推进从总体旅游规划到旅游项目规划多个层次的旅游规划的编制工作，保证旅游业发展的系统性和科学性；通过泉城海洋极地世界、泉城欧乐堡梦幻世界等大项目带动，实现重点突破，带动旅游业的跨越式发展；采取多种营销模式进行旅游市场推广，扩大知名度和美誉度。

入境旅游方面，除潍坊、菏泽、威海、临沂、泰安、日照、淄博、枣庄、济宁、德州外，其余各市都超过了全省平均增速（见图1-1），青岛和烟台两市作为山东省入境旅游热点城市，2018年分别占全省入境旅游消费的34.6%和18.2%（见表1-2），依然保持着超过全省平均水平的增长速度。从旅游消费总额与入境游客消费平均增长速度来看，近几年山东省旅游经济增长主要以国内旅游为主。

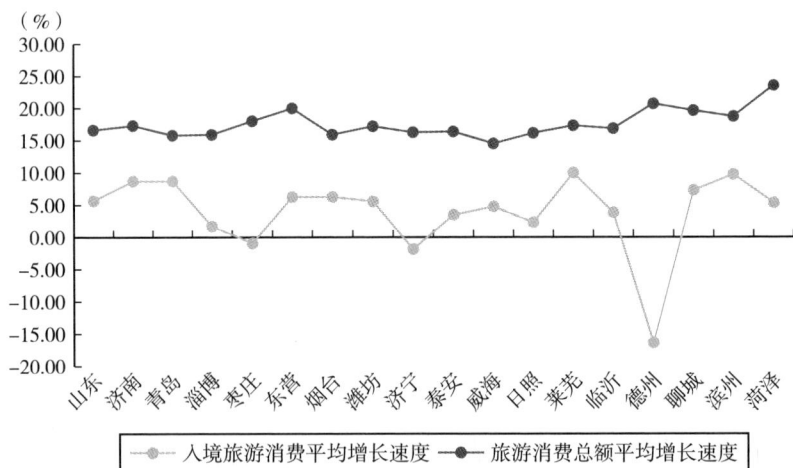

图1-1　2010～2018年山东各市旅游消费总额与入境游客消费平均增长速度

资料来源：根据《山东旅游统计便览》（2011～2019）整理。

三、山东省旅游业发展的总体特征

（一）旅游业对经济发展的贡献不断增强

2001 年以来，山东省旅游业的发展对山东省经济的发展做出了重要贡献，虽然期间有少许波动，但总体呈不断增强的趋势，如表 1－4 所示。

18 年以来，除 2003 年因"非典"影响山东省旅游收入是负增长外，其他年份旅游收入都呈现不同速度的正增长态势。2009 年之后，旅游业对经济增长的贡献率突破两位数，2018 年更是高达 33.26%，与之前 2001 年的贡献率相比翻了近 3.5 倍。而就山东省旅游产业收入增量来看，经过 18 年的发展，已经从 2001 年的 81.7 亿元提升至 1260.9 亿元，已然冲破千亿大关。2001 年山东省旅游产业在经济总量中的占比仅为 5.38%，到 2018 年时，旅游产业在经济总量中的占比已经高达 13.7%。山东省的旅游产业在国民经济中已占据了相当重要的地位。

表 1－4　　山东省旅游产业占比及对经济增长的贡献变动

年份	旅游收入增量（亿元）	GDP 增量（亿元）	贡献率（%）	旅游产业占比（%）
2001	81.7	857.5	9.53	5.38
2002	116.4	1080.5	10.77	5.94
2003	－37.4	1802.7	－2.07	4.75
2004	241.3	2943.6	8.20	5.42
2005	224.0	3345.1	6.70	5.66
2006	256.9	3533.3	7.27	5.92

年份	旅游收入增量（亿元）	GDP 增量（亿元）	贡献率（%）	旅游产业占比（%）
2007	358.0	3876.7	9.23	6.42
2008	351.6	5156.4	6.82	6.48
2009	447.0	2963.4	15.08	7.23
2010	606.6	5519.6	10.99	7.76
2011	677.8	6013.0	11.27	8.23
2012	783.1	4584.0	17.08	9.04
2013	664.2	4671.1	14.22	9.48
2014	1008.6	4742.3	21.27	10.42
2015	870.0	3575.7	24.33	11.21
2016	968.2	4005.9	24.17	12.0
2017	1169.6	5670	20.63	12.7
2018	1260.9	3791.5	33.26	13.7

资料来源：根据《山东旅游统计便览》（2001～2019）及《山东省统计年鉴》（2001～2019）整理。

2018 年，山东省各地市旅游产业占比以及其对经济增长的贡献如表 1-5 所示。从山东省各地市旅游产业发展对经济增长的贡献率来看，按照经济增速可以分为两大类：一类是经济正增长的地级市，如泰安、滨州、潍坊、威海、济宁等；另一类则是经济呈现负增长的地级市，如莱芜。其中在经济呈现正增长的 16 个地级市中，其旅游产业对经济增长的贡献率由高到低分别是：泰安、滨州、潍坊、威海、济宁、枣庄、聊城、临沂、淄博、烟台、济南、青岛、日照、菏泽、德州、东营，其中泰安市旅游产业对经济增长的贡献率高达 136.1%，位居各地级市之首，表明旅游产业对经济增长有明显的促进作用，而三大旅游强市烟台、济南和青岛，虽然绝对增加值排在前列，但由于基数较大，旅游产业对经济增长的贡献率处于全省各地市的中游水平。经济负增长的莱芜市尽管 GDP 增量为负，但是旅游产业收入还是处于增加的态势，这说明在经济增速放缓的背景前提下，旅游产业依然逆流而上、实现增长，在一定程度上减缓了经济下滑的速度。由此可见，在新常态背景下的山东省经济发展上，旅游产业的地位和作用正在积极地显现出来，需要我们给予必要的关注。

表 1 - 5　2018 年山东省各地市旅游产业占比及对经济增长的贡献

地区	旅游收入增量（亿元）	GDP 增量（亿元）	贡献率（％）	旅游产业占比（％）
济南	158.8	654.6	24.26	14.4
青岛	227	964.2	23.54	15.6
淄博	83.8	287.1	29.19	13.7
枣庄	28.6	86.5	33.06	9.5
东营	31.2	350.7	8.90	4.7
烟台	120.2	493.6	24.35	13.8
潍坊	107.6	298.2	36.08	14.3
济宁	92.7	280	33.11	15.8
泰安	90.1	66.2	136.10	23.2
威海	53.7	161.4	33.27	17.9
日照	46.3	199.5	23.21	18.5
莱芜	7.9	−503.2	−1.57	19.4
临沂	101	342.4	29.50	17.5
德州	23.4	240.1	9.75	6.2
聊城	26.3	88.1	29.85	6.8
滨州	20.9	27.6	75.72	6.6
菏泽	41.3	258.58	15.97	6.4

资料来源：根据《山东旅游统计便览》（2019）及《山东省统计年鉴》（2019）整理。

根据 2018 年山东省各地市旅游产业产值在经济中的占比，可以较为形象地看出山东省这 17 个地级市的旅游业在当地各产业中的相对地位情况。按照旅游业产值占比，我们可以将 17 个地级市大致分为以下四个等级：第一等级为旅游产业占比大于等于 17.5%

的城市，主要包括泰安、莱芜、日照、威海、临沂。第二等级指旅游产业占比居于［13.7%，17.5%）的城市，主要包括济宁、青岛、济南、潍坊、烟台、淄博。第三等级是指旅游产业占比小于13.7%的地市，主要包括枣庄、聊城、滨州、菏泽、德州、东营。山东省各地市旅游业产值占比排名由高到低依次为泰安、莱芜、日照、威海、临沂、济宁、青岛、济南、潍坊、烟台、淄博、枣庄、聊城、滨州、菏泽、德州、东营，其中泰安市产值占比最高为23.2%，东营市最低，为4.7%。通过数据的对比分析我们发现，山东省各地级市旅游产业产值的占比情况与其具有的旅游资源禀赋高度相关，例如泰安市的泰山风景区以其先天性的自然优势和高效的市场开发运作，使得其旅游业的发展处于遥遥领先的地位。

（二）旅游产业集聚度不断提高

山东省 2011～2018 年旅游产业区位熵指数变化情况如图 1－2所示。

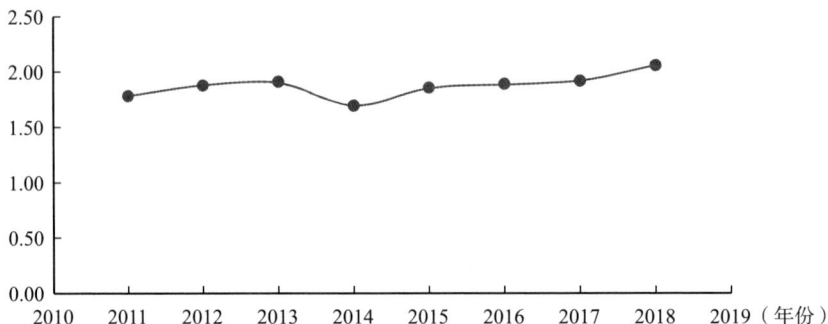

图 1－2　2011～2018 年山东省旅游产业区位熵变化趋势

资料来源：根据《中国旅游统计年鉴》（2011～2019）整理并计算［区位熵 =（山东旅游消费收入/全国旅游收入）/（山东省 GDP/全国 GDP）］。

从图 1－2 可以看出，2011～2018 年这 8 年间，山东省的旅游产业区位熵数值均大于1，除2014年略有回落外，整体呈现递增的趋势，从2011年的1.79增长至2018年的2.06，这说明，山东省旅游产业在全国来说具有明显优势，专门化程度在不断增强，旅游产业集聚水平不断提高。

相似的衡量标准放在山东省内17个地市的区位熵水平对比上（见图1-3），我们可以发现，2011~2018年这8年间，这17个地市的集聚水平可以大致分为四类：第一类是区位熵一直保持较高水平，产业集聚态势明显的地区，包括泰安、日照、威海、临沂、青

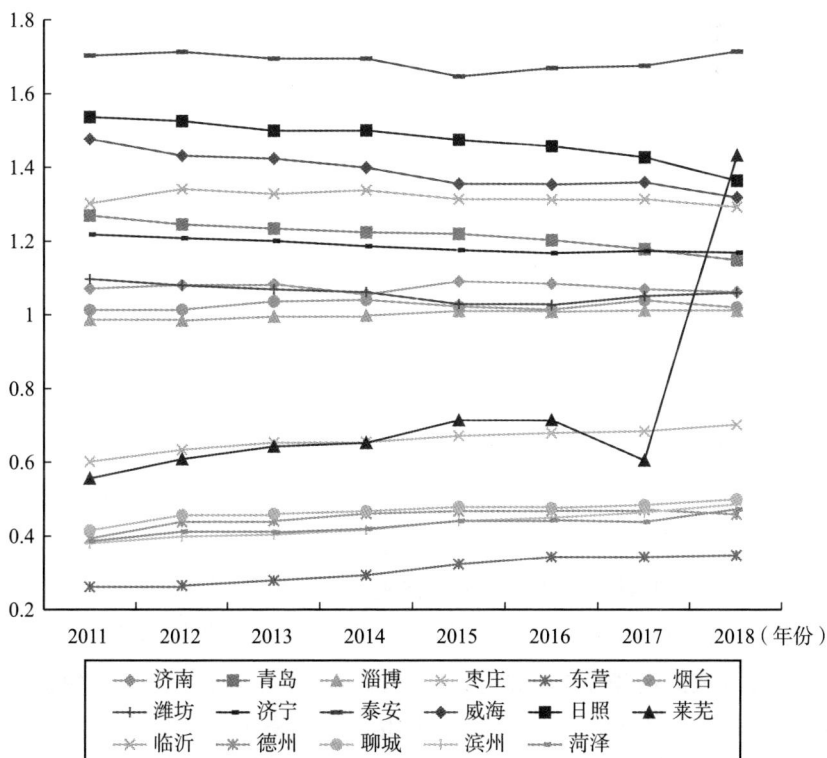

图1-3　2011~2018年山东省17地市区位熵变化趋势

资料来源：根据《山东旅游统计便览》（2011~2019）整理并计算［区位熵 =（地市旅游消费收入/山东旅游收入）/（地市GDP/山东省GDP）］。

岛、济宁。第二类是区位熵略微大于 1.0 的地区，具有一定专门化水平和集聚优势，但不明显，包括济南、潍坊、烟台、淄博。第三类是区位熵长年居于 1.0 以下，集聚水平较低的地市，包括莱芜、枣庄、聊城、德州、滨州、菏泽、东营。从历年区位熵走势来看：一类地区中，除泰安、临沂一直保持较高水平，但没有明显增长，而日照、威海、青岛、济宁都有较明显的下降趋势；二类地区中的四个地市基本保持原有水平；三类地区虽然聚集水平不高，但近几年都呈现明显的上升态势，说明这些地区逐渐意识到旅游产业对区域经济发展的重要性，重视旅游产业发展并取得了不错的成绩。

（三）资源整合与产业融合发展不断深化

近年来，山东省高度重视旅游产业的发展，大力实施旅游产业融合发展战略，有效推动了旅游业与其他产业的融合，主要体现在以下几个方面：

"旅游＋新型城镇化"。大力推进《山东省创建特色小镇实施方案》的落实，2017 年郓城县郓州水浒旅游小镇、平阴县玫瑰小镇等 60 个小镇入选省级特色小镇创建名单。截至 2020 年，山东省共创建 189 个功能上"聚而合"、机制上"新而活"、产业上"特而强"、形态上"精而美"的特色小镇，成为产业投资洼地、创新创业高地、观光旅游胜地、休闲养生福地。

"旅游＋新型工业化"。山东省大力推动旅游业发展与新型工业化相结合，鼓励济南、青岛、潍坊、烟台等市工业旅游创新发展，重点打造威海清华紫光科技园区、青岛贝雕厂、青岛华东葡萄酒庄园、青岛海尔工业园、烟台南山集团等一批全国工业旅游示范点景区。大力推动省级工业旅游示范点的建设，每年打造一批工业旅游明星企业，建设一批工业旅游示范基地。

"旅游＋农业现代化"。近年来，乡村旅游作为一种新型农业生产经营形式与旅游活动项目成为山东省推进新型农业化建设的重要举措。2016 年，山东省规模化乡村旅游行政村达到 3300 个，山东省 61 个村入选首批"中国乡村旅游模范村"。2017 年，山东省人民政府办公厅通过并出台了《山东省乡村旅游提档升级工作方案》，将发展乡村旅游推向了新的高度。2020 年 4 月，省文化和旅游厅等五部门联合制定《关于开展村庄景区化建设工作的指导意见》，引导基础条件较好的村庄按照国家 A 级旅游景区核心标准进行建设，力争到 2022 年底，全省建成 1000 个左右景区化村庄，在旅游公共服务设施等重要方面达到 3A 级旅游景区的核心标准，实现美丽乡村向景区化乡村转型升级，促进农民创业增收致富。①

"旅游 + 现代服务业"。推动旅游业与文化产业融合发展。支持旅游与数字文化产业、文化创意相融合，鼓励传统节庆、文化演艺等旅游品牌开发，推进文旅小镇建设。鼓励各市利用特色资源和优势医疗资源，大力发展健康医疗旅游产业，推动旅游业与健康医疗融合发展。加快省内研学旅行产品、线路与基地的开发建设，构建相关服务体系，推动旅游业与教育融合发展。建成一批体育旅游精品线路、体育旅游示范基地、体育旅游企业和品牌，推动旅游与体育融合发展。

（四）旅游产业信息化程度不断提高

"十二五"期间，山东省大力实施信息化带动战略，旅游业信息化程度不断提高。以科技部 863 项目为依托，开发了省市县三级目的地数字旅游服务系统，有效整合了景区信息系统、旅行社信息系统和酒店信息系统等资源，建立了景区多媒体推介、旅行社信息发布与产品营销、交通、住宿和餐饮等信息资源的采集、共享、分

---

① 新华网山东频道，山东 24 个村入选全国乡村旅游重点村，http：//www. sd. xinhuanet. com/news/2020 - 09/06/c_1126458402. htm。

析、分发等管理机制，实现了面向多旅游产业主客体数字旅游服务系统，形成了一套面向互联网、电信网、广播电视网三网融合的数字旅游服务运营模式。

以中国旅游卡试点为基础，进一步整合了目前山东省内各市发行的旅游年票、旅游"一卡通"等产品，制定了全省旅游"一卡通"工作规范，统一标准、统一标识、统一形象、统一服务，有效推进了全省旅游"一卡通"工作健康有序发展。

与移动、联通、电信合作，开展手机移动信息服务工作，构建了旅游信息营销服务系统、移动旅游咨询服务系统，开展多样性的旅游区实时监测、跨平台"旅行团出行定位"、移动电子优惠卡等，推进移动互联网、移动宽带、移动增值等技术和服务在旅游信息服务中的应用。

开展旅游企业信息化项目推广工程，通过强化旅游企业信息意识，培训旅游企业信息队伍，免费应用酒店管理系统、旅行社管理系统、酒店销售系统、旅游产品销售系统等措施推进旅游企业信息化。

"十三五"期间，山东加快推进"好客山东云游齐鲁"智慧文旅项目建设进度，选定烟台、泰安、日照3个地级市和曲阜、崂山、青州、台儿庄4个县级市（区）为智慧文旅建设试点单位。完善景区预约机制建设，引导游客错峰旅游，13家5A级景区全部实现分时预约并接入省级平台，135家4A级景区开发预约系统并接入省级平台，预约实现率72%。创新发展智慧旅游业态，以5G、大数据、直播、VR等互联网技术为支撑，搭建"好客山东文旅在线"专栏，提供云视听、VR看齐鲁、在线博物馆等10余项服务，收录各类省内优秀文旅数字资源250万余项，对外提供服务超过310万人次。

山东还注重提升行业标准化水平。临沂市、齐河县被确定为第四批全国旅游标准化试点单位。推荐《洞穴旅游景区运营管理指南》等申报国家标准，《工业旅游示范基地建设指南》《康养旅游示范基地建设指南》立为省级地方标准。开展 2020 年度行业标准制修订计划项目申报，组织山东省水下考古研究中心、山东建筑大学分别研制国家行业标准《水下考古工作规程》和《乡土遗产登录信息要素及分类编码》。研究制定山东省地方标准《景区预约旅游服务规范》《葡萄酒专业导游员评定规范》《山岳型旅游景区无障碍建设指南》。印发《关于促进旅游民宿高质量发展的指导意见》，制定出台《山东省旅游民宿等级划分与评价》《山东省旅游民宿星级评定与管理办法（试行）》，推动旅游民宿业规范化标准化发展。[①]

第三节　未来山东省旅游产业发展前景

随着国民生活水平的不断提高，旅游业在国民经济和社会发展中的重要地位日渐凸显。"一带一路"、自贸区战略和京津冀一体化等国家战略的实施，为山东省旅游业的发展拓展了新的空间。中央对弘扬以儒家文化为代表的优秀传统文化高点定位，为发挥文化大省优势、实施文旅融合提出了新的使命。李克强总理考察山东时提出的"四新"促"四化"，对旅游业在山东省新旧动能转换中的作用提出了更高的要求。

山东省旅游业正处于可以大有作为的黄金发展时期，在未来发展中，将在深入贯彻实施国家促进旅游业发展的政策和法规的基础上，进一步发挥"好客山东"的品牌优势，推动全域旅游发展，重点打造十大文化旅游目的地品牌，按照"旅游＋"的发展思路，充

---

① 山东：创新发展智慧旅游提升行业标准化水平，https：//www.sohu.com/na/446580195_120006290。

分发挥旅游业的融合能力及集成作用，保持旅游业持续健康快速发展。具体来说，在国民经济方面，山东省旅游产业力争成为国民经济的战略性支柱产业。将通过旅游业的发展，拉动内需、优化产业结构、带动就业，把旅游业培育成为人民更加满意的现代服务业，做好全省服务业的龙头和先导产业。在文化方面，依托十大文化旅游目的地品牌，弘扬齐鲁文化，充分发挥山东省文化大省的优势，通过文旅融合带动山东省文化产业的繁荣发展；在海陆统筹方面，对接山东半岛蓝色经济区和海洋强国等国家战略，发挥仙境海岸等滨海度假核心旅游产品的龙头作用，将山东打造成为国际知名的滨海度假旅游连绵带和旅游目的地；在城乡统筹方面，不断提升旅游业在统筹城乡发展、精准扶贫、新型城镇化、美丽乡村建设等方面的积极作用，促进城乡一体化发展；在生态方面，对接黄河三角洲高效生态经济区国家战略，培育生态旅游产品，把生态旅游培育成为发展的新引擎，建设生态优美的旅游目的地。

《国务院关于促进旅游业改革发展的若干意见》中明确指出：要创新发展理念，转变发展方式，深化旅游改革，推动区域旅游一体化，大力拓展入境旅游市场，创新文化旅游产品，大力发展乡村旅游，积极发展休闲度假旅游。结合山东旅游产业发展实际，山东省出台了《山东省旅游业发展"十三五"规划》。"十三五"期间，山东省以"创新、协调、绿色、开放、共享"五大发展理念为指导，推动全域旅游发展，将旅游业培育为国民经济的战略性支柱产业，实现旅游强省目标。未来，山东省旅游业发展趋势将体现在以下几个方面。

一、由景点旅游转向全域旅游

全域旅游是我国新阶段旅游发展战略的再定位，已上升为国家战略，涌现出以城市全域辐射、全域景区发展、特色资源驱动、产业深度融合、旅游功能区支撑等为代表的省、市、县多层级全域旅游推进新模式。山东省坚持以"四新"促"四化"，党政统筹、部门联动、社会参与，突出城乡一体、陆海统筹、要素协调，形成了全域旅游发展的强大引擎。东方圣地、仙境海岸、平安泰山、泉城济南、齐国故都、鲁风运河、水浒故里、黄河入海、亲情沂蒙、鸢都龙城十大文化旅游目的地品牌百花争艳竞相绽放，山东迈出了全域旅游发展的铿锵步伐。

在未来的发展中，山东需要破除景点景区内外的体制围墙和管理壁垒，把对"全域旅游"的部署纳入"多规合一"的顶层设计之中，把国民经济和社会发展规划、土地利用规划、城乡规划、生态环境保护规划等多个规划融合到一个区域上，解决现有各类规划自成体系、内容冲突等现实问题；实行公共服务一体化，旅游服务、旅游监管全覆盖；加大供给侧结构性改革，不断满足人们日益增长的精神文化需求，增加有效供给；免费开放或者降低公益性景区门票价格，遏制景区门票乱涨价和价格欺诈等行为，走出对门票收入的过度依赖，打破门票经济；应从旅游主管部门、旅游企业单打独斗向社会共建共享转变，各单位间进行信息、数据、交通等资源整合，充分调动各方发展旅游的积极性，组建旅游大数据，以旅游为导向整合资源，推出特色化、差异化、个性化的旅游产品和项目。

二、由旧动能转向新动能

加快新旧动能转换是统领全省经济发展的重大工程，虽然以新技术、新产业、新业态、新模式为代表的新动能保持了较好的增长势头，但在新旧动能转换的过程中山东省仍面临不小的挑战。旅游业作为绿色产业和综合性产业，既对消费、投资、出口具有直接拉动作用，又对由资源依赖向创新驱动转变、经济结构从"二三一"向"三二一"转变，具有明显的带动作用。

山东省旅游发展应以规划为导向，引领旅游产业高速发展。未来，要贯彻实施国务院《"十四五"旅游业发展规划》《山东省旅游产业发展总体规划》《全省旅游业发展"十四五"规划》，将规划实施纳入市县科学发展观考核体系。出台《山东省旅游规划管理办法》，推动规划落地。加速推进十大文化旅游目的地品牌发展，鼓励各地依托十大品牌打造子品牌。规划编制前应对当地的旅游资源和情况进行深入摸底调研，高标准制定或修编规划，通过更科学、更系统、更务实的规划，为促进旅游工作突破发展，推动新旧动能转换奠定良好的基础；以乡村旅游为连接点，推动新型城镇化建设。通过乡村旅游的发展，带动农村基础设施建设和公共服务设施建设，对全村环境进行综合治理，提升发展水平。通过乡村旅游，为农民提供工作岗位，增加收入来源，实现农民的就地城镇化。通过乡村旅游，搭建城乡互动平台，城里人是乡村旅游的主体客源，城里人到乡村休闲度假，带来了现代生活理念和方式，带来了信息甚至资金；以生态保护为基础，推动旅游业持续健康发展。争取相关部门支持，依托河湖、湿地、山地、海岛等类型多样的生态景观资源，在共同做好生态保护的基础上，联合打造丰富多彩的生态旅游产品体系。推进国家和省级生态旅游示范区创建，深入实施省地方标准《原生态旅游景区建设和运营规范》；以优秀文化为载体，深层次开发旅游产品。发挥曲阜、邹城儒家文化的垄断资源优势，发展以儒家文化为核心的国学研修旅游，作为面向国内外市场的核心旅游产品加以定位和发展。发展特色文化旅游产品，包括春秋文化旅游，名人文化旅游，古城与历史街区旅游，工业文化旅游，民俗文化旅游，兵学文化旅游，书法、文学名著与影视文化旅游等。以旅游新业态为突破，进一步提高旅游吸引力。对接细分市场，鼓励邮轮与游艇旅游、免税购物、养老养生旅游、低空飞行、婚庆旅游、房车露营、旅游地产等旅游新业态。

三、由旅游自循环转向"旅游＋"

坚持部门联合、资源整合、产业融合发展。按照"旅游＋"的发展思路，充分发挥旅游业的拉动、融合能力及催化、集成作用。加大旅游与农业、林业、工业、商贸、金融、文化、体育、医药等产业的融合力度，形成综合新产能。

传统的旅游业主要为封闭的旅游自循环，依靠自然资源，而未来的旅游发展应主要依靠创新，即通过开放的"旅游＋"，"＋"出新产业、"＋"出新模式、"＋"出新产业。除了"旅游＋农业""旅游＋文化""旅游＋康养""旅游＋体育"等目前已经迅速发展起来的组合，"旅游＋影视/音乐/综艺""旅游＋时尚""旅游＋零售""旅游＋VR""旅游＋金融"等新的跨界融合方式，将进一步丰富山东旅游的产品内容。以"旅游＋"营造企业发展的"生态圈"，以"控股型、多平台"搭建运营研发管理系统，在市场细分基础上实现客群细分，通过创新产品、优化服务，真正实现旅游发展成果全民共建共享。

除了旅游产品内容的跨界融合，旅游产品销售渠道的跨界融合同样值得考虑。尤其是市场压力大的传统线下旅行社，应打破固有思维，走出单靠门店收客的陷阱。通过"旅游＋"跨界融合，吸引更多资源进行自我建设，扩展原有的影响范围，打开更多的渠道，从而扩大客户群体。寻找相关产业的支持是构建整体营销的一种有效方式，通过扩展旅游在产业链中的战线，谋求更大的发展机会。上电视节目或下驻到商场，能够有效借助这些有影响力、公信力的跨界平台，在较短的时间里产生较强的市场穿透力。

同时，"旅游＋"中除了联合社会资本以外，交通部、农业农村部、国家发改委等部门，都应该成为旅游业亲密牵手的对象，在渠道和内容上做更多的文章。

四、由粗放低效转向精细高效

通过乡村旅游精品培育工程、规模化工程、"乡村旅游后备箱"工程、旅游精准扶贫等项目的开展，打造乡村旅游连绵带，建成一批精品酒店、精品民宿、精品节庆活动，改变原有粗放低效的乡村旅游模式，促进山东省乡村旅游转型升级、提质增效，把山东省打造成为国内领先、国际知名的乡村休闲度假旅游目的地。

科学制定和实施规划，对乡村实施原生态保护原则，确保乡村旅游健康有序发展；主动融入农村六次产业和农业"接二连三"战略，推进乡村旅游和"三农"深度融合，推动农林牧渔等产品向旅游商品转化，推出山东精品乡村旅游产品采购目录；引进大企业对旅游资源富集地区实施整体开发，促进乡村旅游规模化发展；引导乡村旅游与地域文化融合发展，因地制宜，打造具有浓郁地域文化特色的乡村旅游品牌，发展具有品牌效应的乡村旅游样板，以其示范作用，发挥以点带面的功效；实施乡村旅游创业创客工程，引导农民工、大学生和画家、工艺匠人、非遗传承人等到乡村就业创业，打造一批乡村旅游创业创客基地；发展智慧乡村旅游，引导支持建立网络营销试点，深化与国内知名旅游电子运营商合作，加快乡村的无线网络全覆盖；支持乡村旅游重点村在景区景点、高速公路服务区、主要交通干道游客集散点等设立农副土特旅游商品销售体验中心；用好扶贫资金，坚持上下联动、部门联合、社会参与、精准实施。实现精准帮扶到村、方案支持到户、资金支持到人。

第二章　山东省旅游产业人才队伍的现状与未来

第一节　旅游产业人才的内涵及分类

科学定义旅游产业人才是本研究得以进行的前提和基础。厘清旅游产业人才分类无论是对旅游产业人才成长规律的把握、队伍状况的分析，还是对人才评价标准的运用、人才政策和制度的创新，都具有重要的意义。

一、旅游产业人才的定义

什么是人才？一般教科书和研究资料中所说的人才，是指已经显露出能力的各行各业具有真才实学的优秀人物。他们或者是知识渊博的学者，或者是具有丰富经验的实干家，或者是具有一技之长的专家等。这里的人才概念其实是显性的人才。显性人才具有以下特点：

（1）有才能。具有超过他人的才干和能力，至少在某一方面独具专长，胜过别人。

（2）有远见。至少在专长方面有远见卓识，对问题的了解比一般人深；有较强的分析和判断能力，善于透过现象看本质，善于抓住事物的变化规律和发展趋势。

（3）有开拓精神和创新能力。有所发现，有所发明，有所创造，独具一格。

美国密西根大学行为科学家丹尼逊是否具有创造性将人才分为七个层次（见图2-1）。

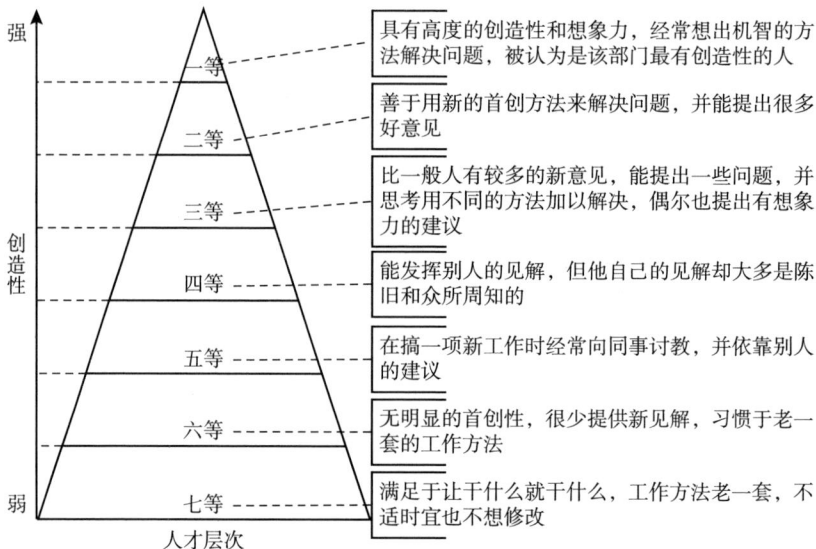

图2-1　丹尼逊的人才层次划分

本书认为，人才是具有一定知识和技能，能够进行创造性劳动，能在社会和经济发展中创造一定价值和作出贡献的人。作为不同于传统行业，以人的创意为中心的旅游产业，人才是其发展的核心资源，是推动旅游产业持续发展的根本动力。

结合国家人才统计标准和山东省旅游产业人才建设的实际，可以规定本书中旅游产业人才的基本统计标准：一是具有中专及以上学历；二是具有专业技术职务（资格）或国家承认的旅游产业相应行业执业资格；三是在旅游企业或事业单位中承担一定的管理或技术工作。本书中的旅游产业人才专指在山东省旅游产业中从事经营管理、专业技术或创意工作，符合以上三条标准之一，并为产业发展创造一定价值和作出贡献的人。

二、旅游产业人才的岗位性质分类

根据岗位性质可将旅游产业人才分为经营管理人才、专业技术人才和创意人才三类。经营管理人才指在旅游产业公有制企事业单位和非公有制企业管理岗位工作的人员。专业技术人才指在旅游产业公有制企事业单位和非公有制企业专业技术岗位上工作或具有专业技术职务（资格）的人员。创意人才指在旅游产业公有制企事业单位和非公有制企业中，以自主知识产权为核心，以"头脑"服务为特征，以专业或特殊技能为手段，结合实际不断创新的人才。目前，在实际工作中，不少创意人才分布于中、高端经营管理人才和专业技术人才中，并从事与创意相关的工作。考虑到创意在旅游产业发展中的重要作用，本书将创意人才作为独立的群体单独列出，特指分布于旅游产业中专门从事创意相关工作的人才。很多旅游产业单位内部，与创意相关的策划类工作多由单位内部中、高层管理者兼任。

出于研究和统计的需要，对某些不易区分的具体岗位人才，本书以其侧重与倾向的工作性质作为划分三类人才的依据。调研、分析与对策措施紧紧围绕旅游行业人才定义，尽量具体化，体现产业特点。为了避免流于一般化的原则性表述，本书明确了旅游产业三类人才主要岗位，见表2-1。

表 2 - 1　　　　　　　　　旅游产业人才主要岗位分类

产业类别	各类人才主要岗位		
	经营管理人才	专业技术人才	创意人才
旅游产业	(1) 旅游企事业单位各类主管 (领班) 及以上职位人员; (2) 旅游主管部门科级及以上岗位人员	(1) 导游; (2) 旅游服务单位专业人员 (如咖啡师、茶艺师、调酒师、服务师、旅游咨询师、中高级厨师等)	(1) 旅游规划师; (2) 项目策划师; (3) 旅游产品设计师

三、旅游产业人才的专业职位分类

为更好地把握旅游产业人才成长规律，旅游产业人才政策和制度，本书按照职位等级将旅游产业人才分为高端人才、中端人才、一般人才三大类。

高端人才一般是指具有高学历或高级专业技术职务，具备优良的综合素质和较强的创新能力，在较大规模企事业单位从事高职位管理、技术工作，能把握产业发展的前沿与方向，在专业技术或经营管理工作中取得同行公认的成就，对产业发展具有创新构想的人才。其中，具备成为一个团队的核心和灵魂的能力，而且成为本产业或本领域国内外公认的杰出人物的高端人才可被视为产业领军人才。旅游产业高素质人才的界定则限于表 2 - 1 所述三类人才中的高层次经营管理人才、高素质的专业技术领军人才和高层次的创意人才。可见，高端人才内涵侧重体现在高胜任力 (high competency)、高创造性 (high creativity) 两个方面。结合山东省旅游产业现状，具体到岗位和工种，高素质人才主要包括但不限于以下类型：

(1) 高素质党政领导人才 (如旅游主管部门以及与旅游业相关、交叉的职能部门等的领导人才);

(2) 富有创新意识和能力、适应经济全球化要求的企业家

（如标杆旅游企业的法人代表、董事长、总经理等）；

（3）具有丰富行业经验的职业化企业经营管理人才（如各类旅游企业中的资深职业经理人）；

（4）具有行业影响力或特殊技能的专业技术类人才（如在旅游咨询业中具有达到国际水平或填补国内空白的高新技术原创成果的智力人才）。

旅游产业一般人才即从事基础工作的专业人才，指在旅游产业拥有专业技术职称或相应工作专业技能证书、从事专业工作的人员，包括导游人员、旅游服务单位专业人员（如咖啡师、茶艺师、调酒师、服务师、旅游咨询师及中、高级厨师等）。

旅游产业中端人才的内涵则介于高端人才和一般人才之间。

第二节　课题研究数量分析方法的设计

一、数据来源

本书以山东省旅游人才为研究对象，涉及传统旅游企业及17个代表地市，旅游企业包括旅行社、星级酒店、旅游景区，同时注重旅游人才在不同行业、不同空间结构的比较及整体分析。

数据来源主要包括：（1）网络获取。通过网络搜集2005～2019年《中国统计年鉴》《山东统计年鉴》《山东旅游统计年鉴》等年鉴及各地市的统计公报等资料直接获取所需数据。（2）实地调研。部分数据通过实地深度访谈和问卷调查获取，并根据实际情况进行量化分析处理。（3）间接计算。如人才结构偏离度分析指标需要在初始数据基础上，通过数学公式计算而得。

二、数量分析方法设计

《国家中长期人才发展规划纲要（2010～2020年）》指出："我国人才结构和布局不尽合理，人才发展体制机制障碍尚未消除"。因此，如何使旅游人才结构与经济发展水平相适应，推动区域经济可持续发展，成为新时期山东省旅游业发展的一个不容忽视的重大问题。

人才结构与产业结构相互协调适配是经济发展的客观规律。人才作为一项稀缺性资源，只有按照旅游业实际发展需要配置人才，才能使人才结构与产业发展相适应，避免出现"一方求贤若渴、一方才满为患"状况，最大限度地发挥人才效能。本部分着眼于人才结构与区域旅游经济发展水平的适应性，对山东省旅游人才行业结构和空间结构的数量分析方法进行设计。

（一）山东省旅游人才行业结构测度方法设计

在市场经济条件下，为实现资源合理配置，提高资源利用效率，包括人才在内的各项资源会从生产要素低的部门流向生产要素高的部门。随着人才不断流动，人才行业结构逐步得到优化和调整，各产业也随之调整行业结构，以充分发挥人才的经济效益，从而促进产业经济协调发展。因此，地区产业发展与人才结构相互促进、相互制约，只有旅游人才行业结构与本地区的旅游经济发展水平、产业结构相匹配，旅游人才行业结构才能充分发挥对区域经济发展的积极推动作用。

根据"赛尔奎因—钱纳里结构变动模式"的基本思想，就业结构偏离度是指经济发展水平不同的国家或地区，就业结构与产业结构超出合理比例的程度。借鉴国内学者的相关研究，依据就业结构偏离度原理，设计山东省旅游人才行业结构偏离度：

$$行业结构偏离系数 S_i = (Y_i/Y)/(X_i/X) - 1$$
$$(i = 1, 2, 3) \tag{2.1}$$

$$总行业结构偏离系数 T = \sum |S_i| \tag{2.2}$$

本书涉及的旅游企业包括旅行社、星级酒店和旅游景区，相关数据均来自 2006～2015 年《中国旅游统计年鉴》和《山东省旅游统计年鉴》。鉴于数据的可获取性和可比性，衡量区域旅游经济发展水平 Y 的指标采用旅游企业营业收入，旅游人才总量 X 用从业人数衡量。

其中，Y_i、X_i（$i = 1, 2, 3$）分别表示旅行社、星级酒店、旅游景区营业收入和从业人数，S_i 指旅游产业各行业人才结构偏离系数，T 指山东省旅游业总的人才行业结构偏离系数。由结构偏离系数公式可知，当 $S_i = 0$ 时，表明该区域旅游行业结构与人才结构不存在偏离问题，是完全匹配的；当 $S_i > 0$ 时，说明该行业旅游人才供给不足，无法满足本行业实际需求；当 $S_i < 0$ 时，则该行业旅游人才供给过多，存在剩余劳动力。若 $|S_i|$ 的变化逐渐趋向于 0，说明该行业在不断优化调整旅游人才结构；反之，若 $|S_i|$ 向远离 0 的方向变化，表示旅游人才结构越来越不合理，产业结构和人才行业结构协调性越来越差。

（二）山东省旅游人才空间结构测度方法设计

旅游人才结构不仅包括旅游人才在不同旅游行业的分配结构，也包括在不同区域间的空间分布结构。要充分发挥山东省旅游人才对区域旅游经济发展的推动作用，必须使旅游人才在行业结构和空间结构上，都与区域经济发展水平、层次和结构相协调。通过对历年相关数据分析，山东省各地市旅游人才储量存在较大差异，不同的旅游人才空间结构分布也是导致山东省各地市区域旅游经济收入产生明显差距的重要因素。

为探讨山东省旅游人才空间结构分布差异，本书借鉴就业结构偏离度基本原理和已有的相关研究，设计山东省旅游人才空间结构偏离度测算方法：

$$空间结构偏离系数 D_j = (E_j/E)/(P_j/P) - 1$$
$$(j = 1, 2, \cdots, 17) \tag{2.3}$$

$$总空间结构偏离系数 W = \sum |D_j| \tag{2.4}$$

选取 2006~2015 年《中国旅游统计年鉴》和《山东省旅游统计年鉴》的相关数据，用山东省 17 个地市的区域旅游总收入 E 衡量各地市区域旅游经济发展水平，其中，P 代表山东省各地市旅游从业人员总量，j（j = 1, 2, …, 17）分别代表山东省 17 个地市。

根据人才空间结构偏离度公式可知，如果旅游人才空间结构与区域经济发展水平相协调，D_j 值应为 0；当 $D_j > 0$ 时，表明该区域旅游人才供不应求；当 $D_j < 0$ 时，表明该区域旅游人才供过于求。若旅游人才空间结构偏离度系数趋向于 0 变化，即正值越小、负值越大，说明两个指标是相互促进的，彼此的协调性得到改善；反之，如果偏离度系数偏离 0 越来越远，说明两个指标间结构不能相互匹配、无法满足相互需要。

第三节　山东省旅游产业人才总量与结构

一、山东省旅游人才总量状况

根据 2018 年《中国旅游统计年鉴》相关数据，现对山东省旅游人才总量在全国各省份中的相对位置进行分析，旅游人才数量统计主要包括旅行社、星级饭店和 A 级旅游景区固定从业人员三部分，具体数据如表 2 - 2 所示。

表 2 - 2　　　　中国 2017 年旅游业从业人数统计　　　单位：人

排名	地区	旅行社固定从业人员	星级饭店固定从业人员	A 级景区固定从业人员	合计
1	山东	20799	72723	162314	255836
2	广东	40066	104181	83174	227421
3	浙江	27244	87567	61925	176736
4	江苏	29461	74494	69874	173829
5	北京	30333	87636	16843	134812
6	湖南	14524	41449	78351	134324
7	四川	7073	40396	86840	134309
8	河北	7387	42657	78646	128690
9	安徽	9598	33080	67533	110211
10	云南	9070	41562	54162	104794
11	河南	6456	42235	53394	102085
12	辽宁	9443	32093	58242	99778
13	湖北	14155	36349	46710	97214
14	上海	34096	50757	11557	96410
15	福建	17331	48473	26449	92253
16	陕西	9995	29921	48656	88572
17	广西	7651	30269	33118	71038
18	江西	6098	24813	37532	68443
19	贵州	3110	16944	36800	56854
20	新疆	2112	22692	30266	55070
21	重庆	5724	22570	23912	52206
22	黑龙江	5151	13263	30335	48749

排名	地区	旅行社固定从业人员	星级饭店固定从业人员	A级景区固定从业人员	合计
23	甘肃	4517	21147	20285	45949
24	山西	7927	24254	12232	44413
25	内蒙古	6456	20295	16787	43538
26	海南	4710	20623	17031	42364
27	天津	5934	13030	10156	29120
28	吉林	4585	10414	11465	26464
29	青海	5452	7496	10011	22959
30	宁夏	1766	6694	5964	14424
31	西藏	649	4564	381	5594
总计		358873	1124641	1300945	2784459

资料来源：《中国旅游统计年鉴2018》。

分析表2-2可知，山东省旅游业从业人数最多，约占全国旅游从业人员总数的9.2%，已经超越广东省，跃居全国第一。此外，在山东省三大传统旅游企业中，A级景区固定从业人员最多，占全省旅游从业人员总数的63.44%；旅行社从业人员最少，所占比重仅为8.13%。

二、山东省旅游人才结构现状

（一）旅游人才供需矛盾突出

本书选择2007~2016年《山东旅游统计年鉴》相关面板数据，结合上节数量分析方法设计，对山东省旅游人才行业结构偏离度及变化情况进行分析，结果如图 2-2 所示。由于 2010 年、2011 年旅游景区的相关数据未能获取，本书在进行数据处理时，选择其他 8 年相关数据平均值作为 2010 年和 2011 年旅游景区的数据。

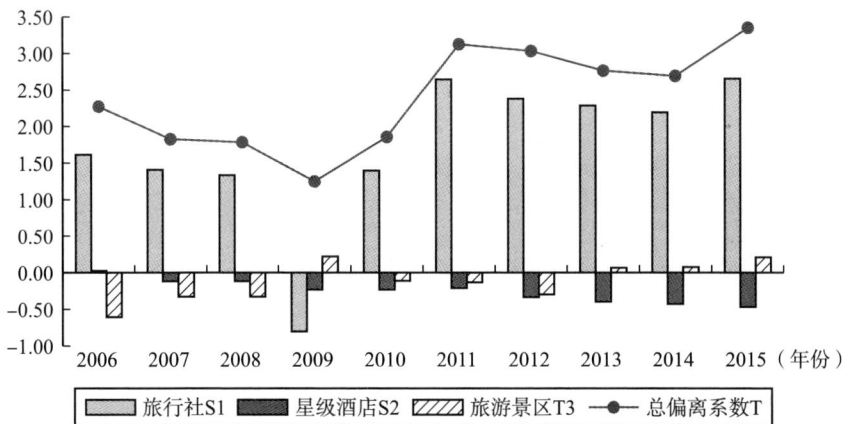

图 2-2　山东省旅游人才行业结构偏离程度与演化

资料来源：《山东旅游统计年鉴》2007~2016 年。

由图 2-2 可知，山东省旅行社人才结构偏离系数除 2009 年呈现负值外，其余均表现为正值，且近几年数值保持在一个较高的水平，其绝对值与 0 的距离远远超过其他行业，表明其人才结构偏离程度较为严重，这可能是因为 2009 年受到甲型 H1N1 流感疫情以及金融危机持续深化的影响，旅行社旅游人才供过于求；2010 年以后，随着经济形势好转以及旅行社电子商务的应用，旅行社业务进一步拓展，人才供不应求，人才存量远远不能满足本行业发展需求。星级酒店行业结构偏离系数基本一直低于 0，并呈现负向增长状态，表明星级酒店人才一直以来存在供大于求现象，且供需矛盾逐渐深化。星级酒店人才行业结构越来越不合理，人才资源配置效率低下，这可能与酒店行业从业门槛较低、工作环境良好等因素有关。近年来，旅游景区结构偏离系数主要围绕在 0 附近波动，数值变动范围比较小，可见旅游景区的人才结构和存量较为合理，与行业发展相适应。

从整体来看，山东省旅游产业人才行业结构总偏离系数从 2011 年开始一直维持在 2.5 以上，在 2015 年达到最高值，接近 3.5，表明三大旅游行业的从业人数和营业收入比例严重不协调，人才结构比例失衡，人才储备严重不足，供需矛盾尖锐，阻碍旅游产业协调发展，不利于区域旅游经济水平提高，因此，需要及时对旅游人才行业结构进行优化调整。

（二）旅游人才空间分布不均

选择山东省 2007～2016 年相关资料面板数据，对山东省 17 个地市的区域旅游人才空间结构偏离程度差异及演化状况进行对比分析（见表 2-3）。根据表 2-3，青岛、烟台、潍坊、济宁、泰安、威海、日照、临沂地区的旅游人才空间结构偏离度系数基本保持正值，且有向 0 靠拢的趋势，表明这些地区旅游人才供不应求状况在逐步得到改善，旅游人才数量逐渐与区域旅游经济水平相适应，原因可能是近年来这些地市纷纷加快转变旅游产业发展方式，对旅游产业进行大规模整合，重视旅游人才的培养，区域旅游人才市场秩序逐步完善；淄博地区旅游人才空间结构经历了从供过于求到供不应求的转变，这可能与淄博近几年大力发展生态游和文化游有关，旅游产业经济的快速发展扩大了旅游人才市场需求；而济南、枣庄、东营、莱芜、德州、聊城、滨州、菏泽地区旅游人才空间结构偏离度系数一直表现为负值，表明这些地区旅游人才一直处于供过于求的状态，目前需要对旅游产业剩余劳动力进行转移，其中菏泽旅游业劳动力剩余状况最为明显。

从山东省整体来看，旅游人才空间结构总偏离度系数呈现比较明显的下降趋势，这表明山东省旅游人才空间结构日趋合理化，与区域旅游经济发展水平不断相适应。未来山东省应促使旅游人才在供需失衡地区间转移，推动旅游人才跨区域合理流动配置，济南、枣庄等地区应创造更多就业机会吸纳剩余劳动力，缓和旅游人才供需矛盾，从整体上优化山东省旅游人才空间结构，促进旅游人才空间结构和区域旅游经济协调发展。

表2-3　山东省17个地市历年旅游人才空间结构偏离程度及演化

地区	2006年	2007年	2008年	2009年	2010年	2011年	2012年	2013年	2014年	2015年
济南	-0.33	-0.27	-0.26	-0.26	-0.28	-0.34	-0.39	-0.36	-0.32	-0.28
青岛	0.35	0.47	0.43	0.27	0.13	-0.03	0.15	0.22	0.08	0.15
淄博	-0.33	-0.46	-0.24	-0.21	-0.10	0.17	0.26	0.34	0.44	0.43
枣庄	-0.19	-0.40	-0.45	-0.27	-0.24	-0.06	-0.21	-0.16	-0.15	-0.15
东营	-0.67	-0.72	-0.65	-0.61	-0.60	-0.61	-0.66	-0.60	-0.60	-0.54
烟台	0.32	0.33	0.28	0.28	0.27	0.10	0.06	0.06	0.14	0.11
潍坊	-0.19	0.01	0.09	0.02	0.12	0.10	0.14	0.00	0.08	0.08
济宁	0.36	0.31	0.46	0.40	0.42	0.46	0.17	0.20	0.10	0.07
泰安	0.43	0.39	0.29	0.24	0.36	0.50	0.63	0.54	0.43	0.37
威海	0.44	0.62	0.62	0.51	0.41	0.32	0.33	0.38	0.34	0.14
日照	1.11	1.04	1.21	1.14	1.03	1.02	0.94	1.17	1.29	1.00
莱芜	-0.36	-0.32	-0.19	-0.24	-0.10	-0.27	-0.27	-0.16	-0.23	-0.22
临沂	0.43	0.51	0.34	0.49	0.62	0.61	0.61	0.63	0.64	0.54
德州	-0.68	-0.66	-0.70	-0.70	-0.70	-0.60	-0.49	-0.62	-0.62	-0.58
聊城	-0.27	-0.45	-0.48	-0.33	-0.38	-0.37	-0.42	-0.41	-0.33	-0.35
滨州	-0.54	-0.59	-0.53	-0.50	-0.44	-0.35	-0.39	-0.34	-0.23	-0.19
菏泽	-0.69	-0.72	-0.78	-0.78	-0.75	-0.71	-0.60	-0.65	-0.65	-0.67
总计	7.67	8.25	7.95	7.29	6.94	6.78	6.76	6.85	6.68	5.86

资料来源：《山东旅游统计年鉴》2007~2016年。

（三）女性从业者比例略高于男性

结合本次问卷调查所获取的数据分析，在山东省旅游从业人员中，女性占 52.28%，男性占 47.72%，女性从业者比例略高于男性，如图 2 - 3 所示。旅游业属于服务型行业，女性在从业过程中比男性具有先天优势，女性从业者比例高于男性符合旅游业的行业特点。山东省旅游行业的男女比例差距维持在 10% 以内，这个水平与旅游业的行业特点也是相适应的。

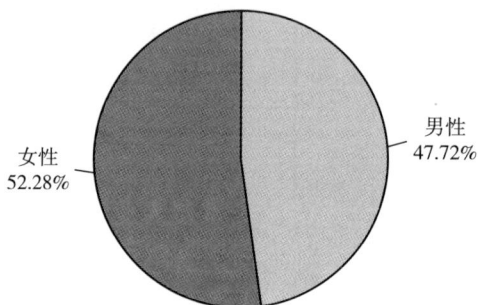

女性
52.28%

男性
47.72%

图 2 - 3　山东省旅游从业人员性别结构

资料来源：通过问卷调查获取。

（四）人才年龄年轻化倾向减弱

在本次调查的山东省旅游从业人员中，年龄在 25 岁及以下的占 23.30%，26 ~ 30 岁的占 25.22%，31 ~ 40 岁的占 31.66%，三者相加共占旅游从业人员总量的 80%，旅游从业人员年龄结构如图 2 - 4 所示。与 2012 年的山东省旅游从业人员年龄结构调查结果（见图 2 - 5）相比，年龄在 25 岁及以下、26 ~ 30 岁的人数所占比重均有所降低，31 ~ 40 岁人数比重增加，三者相加所占比重之和由 88% 降至 80%，旅游人才队伍年轻化倾向减弱，这表明山东省旅游业存在人才供给不足问题。从长远看，应重点关注旅游人才培养问题，吸引更多的年轻人才进入旅游业。

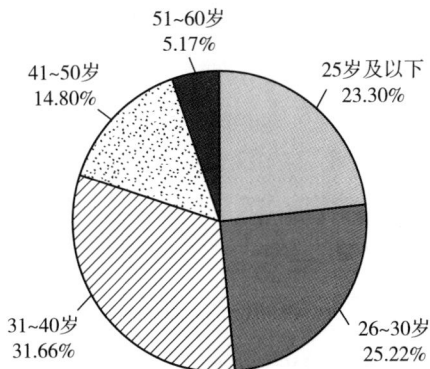

图 2-4　山东省旅游从业人员年龄结构

资料来源：通过问卷调查获取。

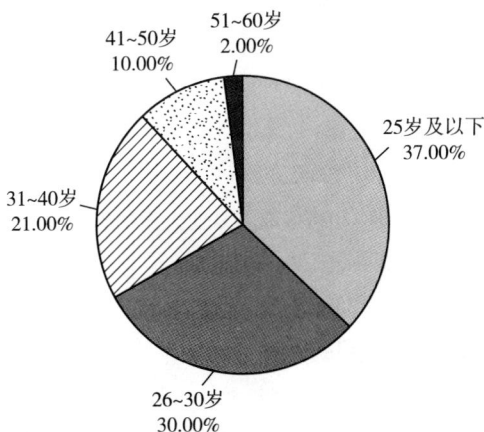

图 2-5　2012 年山东省旅游从业人员年龄结构

资料来源：《2012 年山东省旅游人才调查研究》。

（五）旅游人才学历水平偏低

根据本次调研所获取的数据，中专及以下学历人数最多，占全省旅游人才总数的 51.74%；大专及以上学历旅游人才比例为 48.25%，其中，大专学历占 32.75%，本科学历占 15.40%，硕士研究生学历仅占 0.10%，而博士研究生学历人数更是少之又少，在此次调研结果中所占比重为 0。如图 2-6 所示，中专及以下学历人数已超过山东省旅游人才总数的一半，而本科及研究生学历旅游人才比例较低，旅游人才学历层次总体水平相对偏低，不利于山东省旅游业向高层次水平发展。

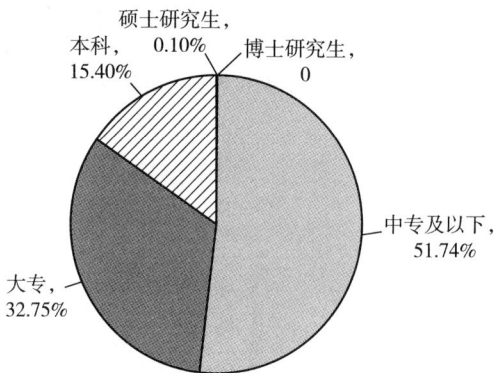

图 2-6 山东省旅游从业人员学历结构

资料来源：通过问卷调查获取。

（六）总体从业时间较短

在问卷统计的山东省旅游从业人员中，从业 5 年以下的人数最多，所占比例高达 57.00%，从业年限 5~10 年的占 32.00%；从业年限 10~15 年的占 2.58%；从业年限 15~20 年的占 2.21%；从业年限超过 20 年的占 4.65%。山东省旅游从业人员从业年限结构如图 2 - 7 所示，旅游从业人员总体从业时间相对较短，一方面说明山东省旅游业有良好的发展前景，吸引了大批人进入旅游行业；另一方面也说明山东省旅游业人员流动频繁，人才流失较为严重。

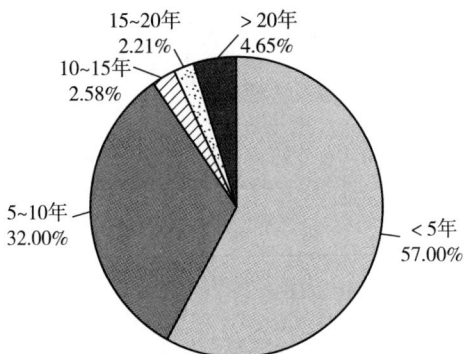

图 2 - 7　山东省旅游从业人员从业年限结构

资料来源：通过问卷调查获取。

（七）整体收入水平有所提升

本次问卷薪酬问项设计为职工月薪，山东省旅游人才薪酬结构分析结果如图 2 - 8 所示，月薪低于 3000 元的旅游从业人员比例高达 67.21%，其中，月薪低于 2000 元的人数占 21.79%，月薪在 2001 ~ 3000 元区段的人数占 45.42%；月薪高于 3000 元的旅游从业人员比例为 22.24%，其中，月薪在 3001 ~ 4000 元区段的人数占 10.57%，月薪在 4001 ~ 5000 元范围内的人数占 6.67%，月薪高于 5000 元的人数占 5.00%。相较于 2012 年（见图 2 - 9），整体工资水平有明显提升，但与其他行业相比，山东省旅游业整体工资水平依然偏低。

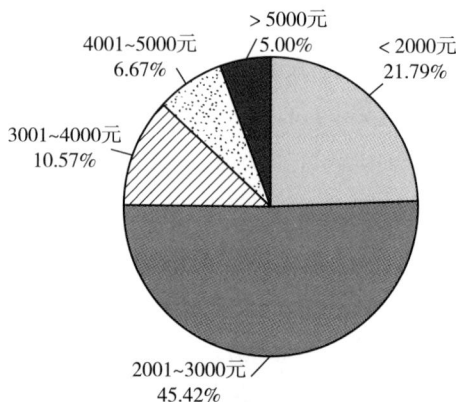

图 2 - 8 　山东省旅游从业人员薪酬结构

资料来源：通过问卷调查获取。

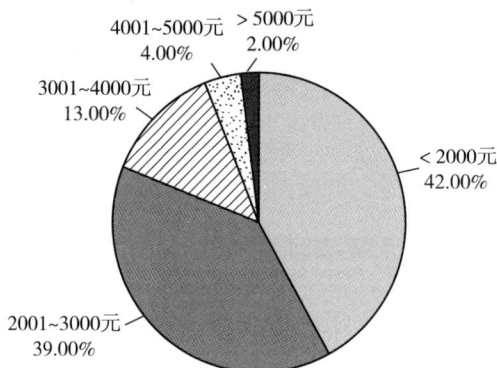

图 2 - 9 　2012 年山东省旅游从业人员薪酬结构

资料来源：《2012 年山东省旅游人才调查研究》。

第四节　山东省旅游产业人才培养现状

旅游业是劳动密集型的综合服务业，旅游产业人才培养是构建人才支持体系的重要内容。多年来，山东省积极贯彻"科教兴旅，人才强旅"的战略，提出了一系列加强山东省旅游人才建设的政策和措施。其中，将旅游人才培养作为旅游人才队伍建设的重要手段。

一、旅游教育

（一）旅游本专科教育状况

旅游专业教育是由高等院校和中等职业学校的相关旅游教育共同组成。其中，高等院校指旅游高等院校及开设旅游系（专业）的普通高等院校和成人高等院校；中等职业学校指旅游中等专业学校、旅游职业高中及开设旅游专业的其他中等专业学校、职业高中和技校。旅游院校规模及院校学生数量是衡量旅游专业教育规模水平的关键指标。

1. 山东省旅游专业教育的发展历程

从山东省旅游专业教育发展状况来看（见图 2 - 10），21 世纪

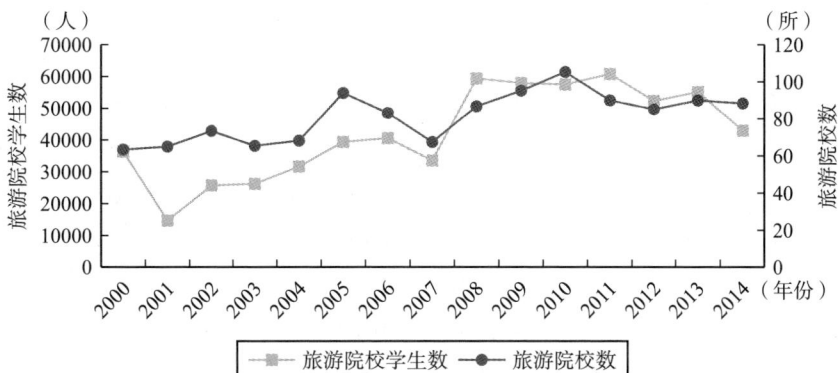

图 2 - 10　2000～2014 年山东省旅游专业教育发展概况

以来，山东省旅游专业教育整体规模有所扩大，但教育水平波动较大，增长速度不快。其中，2000～2014 年，山东省旅游院校数量由63 所增至 88 所，在 2010 年巅峰时期，有 105 所之多，增幅较为明显；旅游院校在校生（旅游人才）培养规模受政策、招生及办学条件等因素影响，波动幅度较明显，在 2001 年、2007 年和 2012 年出现较大幅度减少。

2. 山东省旅游专业教育在全国的地位

通过山东省旅游院校数和旅游院校学生数量的折算，测度山东省旅游专业教育发展规模指数，以此来综合考量山东省旅游专业教育综合发展的规模水平。其具体测算步骤如下：

（1）在时间视角下，计算山东省旅游院校数量折算指数与旅游院校学生数量折算指数，公式如下：

$$旅游院校数折算指数 = \frac{某年旅游院校数}{各年平均旅游院校数} \times 100\%$$

$$旅游院校学生数折算指数 = \frac{某年旅游院校学生数}{各年平均旅游院校学生数} \times 100\%$$

（2）计算山东省旅游教育发展规模综合指数，公式如下：

$$旅游教育发展规模综合指数 = \frac{\dfrac{旅游院校数}{折算指数} + \dfrac{旅游院校学生数}{折算指数}}{2} \times 100\%$$

根据上述公式，对 2000 年、2007 年和 2014 年的山东省旅游院校折算指数、山东省旅游院校学生数折算指数以及山东省旅游教育发展规模综合指数分别进行测算。结果发现，2000 年、2007 年和2014 年的山东省旅游院校折算指数分别为 77.6、82.5 和 108.4，山东省旅游院校学生数折算指数分别为 85.2、78.7 和 101.8，山东省旅游教育发展规模综合指数分别为 81.4、80.6 和 105.1。

同时，对 2000 年、2007 年与 2014 年全国 34 个省、自治区和直辖市的旅游教育规模水平进行测算并排序，综合排名 1～10 位的划分位旅游教育发展优势区，11～20 位的为旅游教育发展中等区，排名 21～34 位的为旅游教育发展劣势区。测算结果表明，刨除地区人口基数的影响，山东省旅游教育规模自 21 世纪以来一直在全国处于优势区，但位次却由 2000 年的第三位，降到了 2007 年的第八位和 2014 年的第七位。

3. 山东省旅游教育结构

旅游教育的发展包括数量和质量两个层面，量的积累是基础，质的提升是根本。旅游教育的健康发展在重视旅游院校及旅游院校在校生规模的扩大之时，更应重视旅游教育结构的优化升级。21 世纪以来，随着山东省旅游业发展环境的不断优化，山东省旅游院校及旅游院校在校生结构也相应发生了转变（见图 2－11）。21 世纪初，旅游业作为我国迅速崛起的新兴产业，从事基础服务的一般旅游人才紧缺，旅游中等职业院校应运而生，为山东省旅游发展供给了大量拥有专业技能、从事一线服务的技能型人才。这一时期，山东省旅游人才的主要培育平台为中等职业院校。2005 年，教育部颁布《关于加快发展中等职业教育的意见》，为山东省旅游中等职业教育的发展提供了良好的政策条件，旅游中等职业院校数量在该年明显增加。近年来，伴随着我国居民可自由支配收入的不断提高及闲暇时间的增多，旅游逐渐成为人们生活的重要组成部分，人们对旅游产品及服务的要求也不断提高，这时一般旅游人才已不能满足山东省旅游产业快速发展的需要，山东省旅游中等职业院校数量随之明显减少。与旅游中等职业院校规模的大幅下降相比，山东省旅游高等院校规模较为稳定地扩大，旅游院校数量及在校生数量不断增加，这与旅游产业的快速发展、中高端旅游人才需求的不断提高、高等教育的政策倾斜等因素息息相关。目前，全省 67 所本科院校中共有 26 所院校开设了旅游教育的相关专业，占山东省本科院校总数的 38.8%。其中济南大学开设的旅游教育相关专业最多，包含了旅游管理、酒店管理、会展经济与管理共 3 个；山东财经大学、青岛大学、山东女子学院和山东工商学院次之，开设的旅游教育相关专业为 2 个，其中山东财经大学和山东女子学院开设了旅游管理和会展经济与管理，青岛大学和山东工商学院开设了旅游管理和酒店管理；山东大学、山东师范大学、聊城大学、山东协和学院等 21 所大学开设的旅游教育相关专业为 1 个（见表 2－4）。

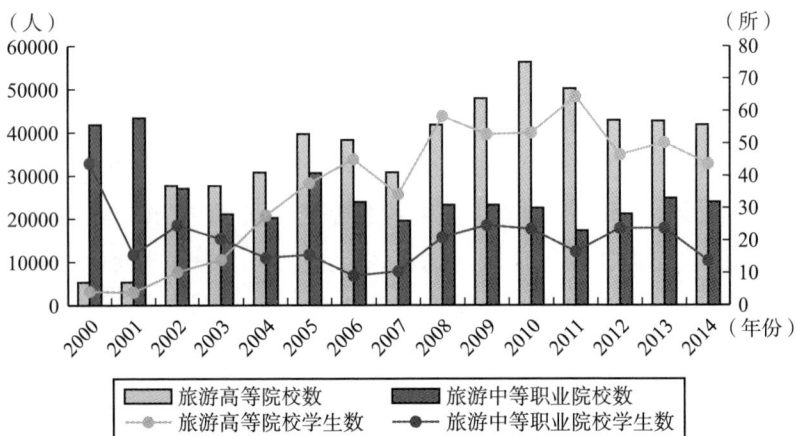

图 2－11　2000～2014 年山东省旅游教育体系

表 2－4　　　山东省 2016 年本科院校休闲专业教育情况汇总

学校名称	学校类型		专业及培养方向		
	学科特点	科研规模	旅游管理	酒店管理	会展经济与管理
山东大学	综合类	研究型	√		
中国海洋大学	理科类	研教型	√		
山东师范大学	文理类	研教型	√		
山东财经大学	文科类	教研型	√		√
青岛大学	文理类	研教型	√	√	
山东大学威海分校	综合类		√		
济南大学	文理类	教研型	√	√	√
山东农业大学	农学类	研教型	√		

续表

学校名称	学校类型		专业及培养方向		
	学科特点	科研规模	旅游管理	酒店管理	会展经济与管理
曲阜师范大学	综合类	教研型	√		
聊城大学	综合类	教研型	√		
鲁东大学	综合类	教研型	√		
临沂大学	综合类	教学型	√		
泰山学院	综合类	教学型	√		
潍坊学院	综合类	教学型	√		
泰山医学院	理科类	教学型	√		
济宁学院	综合类	教学型		√	
青岛滨海学院	文理类	教学型		√	
枣庄学院	综合类	教学型	√		
山东女子学院	综合类	教学型	√		√
烟台南山学院	文理类	教学型	√		
山东协和学院	理科类	教学型	√		
山东财经大学燕山学院	管理类	教学型	√		
齐鲁理工学院	文理类	教学型	√		
山东师范大学历山学院	综合类	教学型	√		
山东青年政治学院	综合类	教学型		√	
山东工商学院	文理类	教学型	√	√	

从时序演变来看，山东省旅游高等院校与中等职业院校数量之比由最初的0.125:1升至1.75:1，在校生人数之比从0.096:1升至3.215:1。由此可见，山东省旅游教育结构得到了优化升级，旅游教育水平和质量得到了大幅提高。

综上所述，旅游人才规模方面，21世纪以来，山东省旅游专业教育发展规模有所扩大，剔除地区人口基数的影响，山东省旅游教育规模一直在全国处于优势区（全国排名前十），但位次却不断下降。加入人口基数因素，对山东省旅游人才密度演变趋势的测算结果表明，山东省旅游人才密度 14 年来虽然提高了 9.77%，但远远低于全国 112.74% 的增速，与南部地区的差距愈发明显，山东省旅游人才需求矛盾日益突出。旅游人才结构方面，2000 ~ 2014 年，山东省旅游中等职业院校数量及在校生人数明显减少；反之，高等院校数量及在校生人数稳步增加，可见山东旅游教育层次不断提升，旅游教育结构得到优化。

（二）旅游管理硕士（MTA）教育

我国旅游业已由传统的服务业上升到国家战略性支柱产业，这对旅游业的从业人员提出了更高的要求。在旅游业的发展中，旅游人才始终是旅游发展的第一资源。据中国旅游研究院数据，2016 年全年中国旅游市场接待国内外旅游人数超过 44.4 亿人次，旅游业人才需求矛盾日益突出，特别能满足现代服务业标准的旅游高端人才异常稀缺。高端旅游人才的培养与开发工作成为社会关注的焦点。《国家中长期人才发展规划纲要》也鲜明地提出了人才开发要高端引领的指导方针。在此背景下，教育部设立了新的旅游类的专业硕士学历——旅游管理硕士（Master of Tourism Administration，MTA）。MTA 主要招收具有一定实践经验，并在未来愿意从事旅游业工作的人员。MTA 的设立为中国旅游高端人才的培养开辟了一条崭新的道路，使得旅游高端人才的培养由过去的企业内部培养，发展到了学院正规专业化培养的新阶段。

2010 年 9 月，我国第一批共有 56 所高校获得了旅游管理硕士（MTA）专业学位授予权，山东大学、中国海洋大学、青岛大学和山东师范大学四所大学位列其中。2014 年，曲阜师范大学获批全国第二批旅游管理专业硕士培养单位。

1. 培养规模

2011～2013年，山东省各MTA院校招生录取人数分别为17
人、34人和43人（见图2-12），年均增长率63%。可见，虽然整
体规模不大，但山东省MTA招生规模保持了稳步增长。实际录取
人数与计划招生人数之间尽管仍有差距，但差距正在逐年缩小。说
明MTA这一教育项目在山东省正被逐步认可，潜在考生对其需求
与关注增加，具有广阔的发展空间。

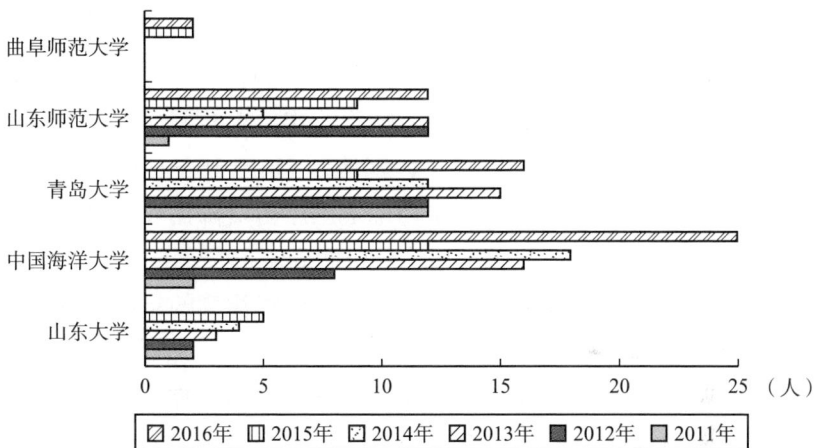

图2-12 2011～2013年山东省各MTA院校招生人数

五所具有旅游管理硕士专业学位授予权的高校中，中国海洋大
学的旅游管理硕士专业教育发展成果最为显著，招生录取人数由
2011年的2人，增长到2016年的25人，招生人数6年间增长了
12.5倍；青岛大学作为全国成立较早、山东省首家旅游高等教育单
位，在省内率先成立了旅游学院，其MTA教育依托平台优势，自
成立以来健康持续发展，几乎一直保持着每年10人以上的招生规
模；山东师范大学MTA中心前期发展较快，在第一年招生仅1人
的不利情况下，第二年便达到了12人的招生规模，2014年、2015

年虽出现明显波动，但整体保持了平稳的发展态势；山东大学作为教育部"985 工程"和"211 工程"重点建设高校，长期为山东省旅游行政部门提供决策智力支持，然而在 MTA 教育方面发展，由于山东大学专业硕士统一划线且分数线较高的限制，其招生规模非常有限；曲阜师范大学作为鲁南地区唯一一家具有 MTA 专业学位授予权的高等院校，自 2014 年成立以来，市场对其的认知度稳步提高。

从空间分布的角度来看，MTA 教育在山东省已引起普遍重视，但其招生主要集中在东部沿海地区的高校，济南为代表的其他地区发展相对滞后，MTA 教育在全省呈现出不均衡的特点。东部沿海地区旅游发展迅速、基础设施完善、旅游人才需求旺盛、配套政策体系成熟、旅游教育事业起步较早，该地区 MTA 中心及招生数量在全省分别占比 40%、74.5%；中西部地区旅游资源比较丰富，但经济发展水平有限，加之旅游人才培养机制尚不健全，MTA 中心及招生数量在全省占比分别为 60%、25.5%。值得注意的是中西部地区出现了"尽管 MTA 中心数量多，但招生规模小，旅游人才稀缺"的现象，MTA 教育的社会普及度不高，配套政策不完善，尚未得到当地教育和旅游部分的足够重视，MTA 教育资源闲置和浪费问题严重，具有较大的提高空间和发展潜力。

2. 培养特点

首先，山东省各 MTA 学位点具有培养目标统一，培养方向同中存异的特点。相关资料的分析结果表明，"旅游职业精神""国家化视野""高层次""应用型人才"等词汇频繁出现在 MTA 培养目标中，培养具有社会责任感和旅游职业精神、掌握旅游管理基础理论、知识和技能，具备国际化视野和战略思维能力、敢于挑战现代旅游业跨国发展的高级应用型旅游管理人才是 MTA 教育的根本目的。各 MTA 学位点的培养方向一般为 2~4 个，"旅游规划""旅游企业管理"等是热点方向。与此同时，部分院校依托地域特色和学科优势紧随社会需求热点，如为适应"互联网＋旅游"的发展，青岛大学设置了"智慧旅游"方向；为促进"旅游＋农业"的发展，曲阜师范大学开设了"乡村旅游经营与管理"方向（见表2-5）。

表2-5　　　　　　　　　山东省MTA院校培养特点

	山东大学	中国海洋大学	青岛大学	山东师范大学	曲阜师范大学
专业方向	（1）旅游目的地管理；（2）国际旅游饭店管理；（3）旅游人力资源管理	（1）旅游规划；（2）休闲管理；（3）旅游企业	（1）旅游产业经济；（2）旅游文化；（3）酒店管理；（4）智慧旅游	（1）旅游资源开发与旅游目的地策划；（2）旅游企业经营与管理	（1）旅游目的地（景区）规划与管理；（2）国际酒店营销与管理；（3）乡村旅游经营与管理
培养方式	多方法教学	课堂教学；实践教学；导师组	课堂教学；实践教学	课堂教学；实践教学；案例教学；导师组；国内外知名教师授课；启发式、研讨式教学	双导师制；学校与旅游企业、旅游管理部门、旅游科研机构和相关企事业单位联合培养

其次，山东省各MTA学位点培养方式灵活，师资队伍多元。MTA培养普遍以非全日制培养为主、全日制培养为辅，在职和脱产学习并存的双轨制和以学分制为基础的2~5年弹性学制。非全日制学生主要利用周末、法定节假日等业余时间集中学习。为培养出能满足旅游业发展需要的高层次复合型应用人才，山东省MTA教育均采用课堂教学和实践教学相结合的培养方式，采用双导师制或导师组。师资配备开放多元，除校内导师外，常聘请国内外知名专家学者、实践经验丰富的教师为研究生授课。注重学校与旅游企业、旅游管理部门和旅游科研机构的合作，旨在培养学生的创造性

思维和解决实际问题的能力。

二、旅游培训

（一）"大培训"理念

山东省在旅游全行业中树立"大培训"理念，实现了培训范围的"全员化"，培训内容的"全面化"和培训方式的"多样化"，先后举办了旅游市场营销专题系列培训班、旅游产业发展专题培训班、重点旅游景区旅游摄影营销培训班、全省旅游统计工作培训班、全省重点旅游企业贺年会知识培训班、全省乡村旅游管理人员培训班等各类培训班等各类培训班百余次，培训人员五万人次。

（二）旅游培训基地建设

在全省旅游企业中开展了旅游人才培训基地创建活动，采用层层推选、实地验收的方式，利用两年的时间优中选优确定了 88 家"山东省旅游人才培训基地"并授牌。依托现有院校资源，完成了旅游强县和列入县域乡村旅游规划的乡村旅游培训基地的申报、实地验收、挂牌工作，全省共建成 109 个乡村旅游培训基地，为旅游人才培训工作打下了坚实的基础。

（三）"全员化"培训

（1）旅游管理人员的培训。举办全省旅游人才开发管理者培训班，17 市旅游部门分管负责同志和教育培训工作具体负责人参加了培训。学员除学习理论知识外，对人才开发工作开展了充分交流，找出问题和不足并提出意见建议，为今后全省旅游人才开发培养工作指明了方向。

省委组织部联合举办了"新常态新理念新作为"系列专题研讨培训班（旅游业转型升级与改革发展专题），34 名省政府旅游工作联席会议成员单位分管负责同志，34 名市政府分管负责同志、旅游局局长（旅委主任），11 名重点旅游企业负责人，共 79 人参加了培训。

省发改委联合举办了《山东省旅游产业发展总体规划》系列电视培训会。世界旅游组织专家组组长莱昂内尔·贝谢雷、海滨旅游专家斯图亚特·杰尔克里斯特、旅游市场专家迈克·法布里修斯等多位外籍专家分别就《山东省旅游产业发展总体规划》的框架、发展战略、主要措施、海滨旅游与环境规划、乡村旅游与养生规划、市场营销规划等做了专题培训。省、市、县三级旅游主管部门全体人员、发展改革主管部门负责人，以及重点县（市、区）政府分管领导、重点镇政府主要负责人，重点示范村主要负责人，旅游大企业负责人，旅游业界专家学者等 3000 余人参加了培训。

举办区域旅游品牌塑造高级研修班，17 市旅游委（局）分管负责同志、业务处（科）室负责同志、27 个旅游强县旅游管理部门主要负责同志参加了培训。培训突出当前区域旅游品牌塑造实际需要，强化了学员对区域旅游品牌塑造的认识，提高了塑造区域旅游品牌的能力。

（2）导游队伍建设。为加强山东省优秀导游的开发、培育、储备，组建了"山东省精英导游团队"。团队在全国旅游投融资促进大会、全省旅游产业发展大会、世界旅游发展大会观摩考察活动提供了优质的导游服务，受到一致好评。

为提高导游服务质量，山东省出台了《山东省导游员星级评定办法（试行）》《山东省导游员星级划分与评定标准（试行）》，以济南为试点城市，组织实施了山东省导游员星级评定工作，取得了积极进展。

为宣传导游正面形象，编写《山东导游史话》，记录新中国成立以来山东省导游职业发展历程、导游员培养情况以及行业中涌现出的优秀导游员。

以山东导游网为平台，制作更新了25个学习课件，25226名导游参加了年审培训，圆满完成了导游年审培训工作。

（3）乡村旅游从业人员培训。一是实施乡村旅游从业人员免费培训工程。对旅游强乡镇、特色村、工农业示范点、采摘园、星级农家乐从业人员开展培训，2016年全年累计2万余人次，并颁发了《山东省乡村旅游从业人员培训合格证书》。二是推进培训基地创建工作。2016年新增旅游人才培训基地13家，乡村旅游培训基地13家，总量分别达到99家和124家。

在山东旅游发展委员会的部署下，山东旅游职业学院、山东财经大学、山东女子学院等山东省多所高校参与了乡村旅游"送智下乡""送教入户"（以下简称"双送"）活动。"双送"活动实施以来，已在潍坊青州市、临沂市沂水县和费县、菏泽市成武县和曹县、东营市、莱芜市茶叶口镇、枣庄市山亭区和峰城区、日照市、济南市泗水县等多地举办。参训人员包括扶贫村"第一书记"、村支部书记、乡村旅游经营业户（带头人）、乡村旅游从业人员等。培训内容涉及乡村旅游服务接待规范、服务心理辅导、乡村旅游规划、乡村旅游品牌构建和营销策略等，为全省乡村旅游扶贫项目规划、旅游产品研发、接待服务规范、经营能力提升、旅游营销宣传等方面的提升打下了坚实的基础。

第五节　山东省旅游产业人才未来需求分析

一、山东省旅游产业人才类型未来需求

随着山东省旅游产业的不断转型升级，未来，山东省旅游产业对人才类型将有新的要求。

（一）旅游产品设计人才

于旅游产品的供给端而言，旅行社之间的竞争趋于白热化，仅靠降低产品价格已经难以为继。旅行社急需高水平的旅游产品设计人才不断推出具有竞争力的旅游产品来取得行业竞争优势，获取超额利润。于旅游消费者需求而言，不断趋于个性化。曾经给各大旅行社贡献大部分收入的"半军事化、拉练式、追求看最多景点的观光旅游"将逐渐被以"追求舒适静谧"为主要目的休闲度假旅游和"体现个性审美"的民俗文化、体育健身、生态环保等特色旅游取代。未来旅游市场迫切需要一批具有现代艺术设计理念的复合人才，能够把艺术与设计、工艺与技术、传统与现代相结合并运用于旅游企业形象设计、旅游产品设计与开发、广告策划等方面，能针对不同层次、不同年龄、不同地区的旅游者设计种类繁多的新型旅游项目，如家庭健康旅游、高尔夫球旅游、邮轮旅游、会展旅游、海上漂流等，以满足人们日益增长的旅游需求。

（二）各领域里的旅游英语人才

中国经济社会不断发展，在国际上的影响力逐渐增强，国际化程度也不断提高，到中国来旅游的外国游客也不断增多。同时，随着我国旅游市场不断完善，英语在旅游业中的应用变得越来越普遍。无论是旅游行业服务人员、旅游企业经营者，还是旅游管理部门的人员，都要对旅游业从业人员英语水平的需求重新定位：能够熟练应用英语完成旅游工作，以满足职业要求和市场需求。

（三）专业的旅游法律人才

人们参与旅游活动日趋频繁，游客与景区管理人员、游客与旅行社、游客与旅游管理部门之间发生纠纷和争端的概率大大增加，势必要求不断完善法律法规，规范旅游市场。游客的法律意识也在不断增强，在旅游过程中，如果利益受到损害，游客不会再像过去那样只是发发牢骚，自认倒霉，而是会运用法律武器处理问题，以维护其合法权益。这就需要大量专业的旅游法律人才，熟悉《中华人民共和国消费者权益保护法》《旅游投诉暂行规定》《旅游安全管理暂行规定》等旅游法规，以及国外的旅游法律法规和国际惯例，能够按照法律程序，专业地处理旅游活动中产生的各类纠纷和争端，维护当事人的合法权益，净化旅游市场，使旅游业健康有序发展。

（四）专业旅游领队

全球各国都竞相成为中国人认可的旅游目的地。截至目前，已有61个国家和地区成为中国公民的旅游目的地。山东的消费出境旅游将从目前的韩国、日本、东南亚等毗邻国家和地区出境旅游向中远程的洲际旅游发展。因此，旅行社将需要更多职业道德水平高、业务能力强的旅游专业领队，以便为出境游客提供高品质的服务。

（五）旅游电子商务人才

随着互联网技术在旅游产业的深入运用，旅游企业的所有运营活动几乎都要在互联网的基础上实现。例如在设计旅游线路时，需要对已有线路进行统计分析，了解游客的喜好程度及个性需求，设计出线路后还要和同行业其他企业提供的线路进行价格对比分析，找出利润最大化的旅游线路；在销售旅游产品时，需要通过互联网等新媒体提升销售效率；导游服务过程中所进行的信息搜集也要通过互联网才得以实现。因此，从业人员只有既具备足够的旅游业知识，又理解电子商务基本概念，了解电子商务经营模式，才能以最有效率的方式完成工作。

此外，旅游资源规划与开发、旅游商品和纪念品的设计与开发、度假区管理、会展旅游、人力资源开发等专业技能与管理人才在旅游产业未来发展过程中也将具有良好的就业前景。

二、山东省旅游产业发展对旅游人才的质量要求

（一）旅游类人才的知识要求

1. 山东旅游发展趋势

各类旅游人才在掌握自身所处岗位专业知识、技能基础上，还应该对山东省旅游发展的历史脉络及未来发展方向有一个比较宏观

的认识。其本质在于明确自己所在组织在山东旅游产业发展中的位置，有利于清晰定位自身的价值以及未来职业发展规划和发展前景。

2. 人文地理知识

旅游产品的消费过程是一种体验式服务过程。旅游目的地的规划设计、旅游产品的设计与开发，以及旅游活动过程中的服务都需要人文地理知识作为支撑，才能从全产业链提升服务的质量和价值，提升游客感知到的效用和满意度。

3. 相关行业产业基础知识

融合式发展已经成为未来山东旅游产业的重要发展战略。旅游产业与新型城镇化、新型工业化、农业现代化、现代服务业等将深度融合发展。旅游业从业人员出掌握原有传统旅游产业相关基础知识外，还要掌握其他与旅游业相融合的产业知识，才能更好地满足职业需求。

（二）旅游类人才的能力要求

1. 语言与沟通能力

沟通能力对任何旅游从业人员而言都至关重要，良好的沟通能力有利于处理好与同事、客户之间的关系，善于了解别人的想法，同时也能将自己的想法很好地传递给别人。语言是沟通能力形成的基础，对于一般旅游从业人员而言，掌握普通话就基本可以满足工作需求，如果能够掌握一门或多门外语将更具有竞争优势。对于导游、专业领队等职业，掌握一门或多门外语更加重要。

2. 学习能力

旅游业发展日新月异，只有不断学习才能跟上时代的变化。只有具备良好的学习能力，才能及时掌握行业发展动态，了解行业发展趋势以及识别新型工作的基本要求、关键流程、关键内容等，形成新的有效的工作思路。学习能力的重点在于自我学习路径、学习方法的养成。例如，当计调人员在面临签证政策发生变化时，不是简单了解新政策的具体内容，而是要更深入地了解其变化发生的背景、意图，以及变更后的工作程序等，梳理其演变的逻辑框架，往往更能够掌握其变化的本质。

3. 媒体营销能力

如前所述，电子商务人才是旅游业未来迫切需求的人才类型，其根本原因在于当前的旅游行业环境、生态都发生了极大的变化，很多活动都由线下转到线上。媒体营销能力已经成为旅游企业乃至旅游管理部门重点打造的能力。谁能为企业提供或是让企业形成媒体营销能力，谁就是企业需要的人才。

4. 创业能力

传统旅游产业的转型以及新型业态的出现，提供了大量的创业机会。谁能在产业转型升级过程中，通过市场分析，整合资源，提供有价值的产品或服务，谁就能在未来竞争中占据一席之地。需要指出的是，创业不一定就是开公司、办企业，也可以是成为自由职业者，这些都是创业的不同形式，其本质都在于开创事业，都需要整合资源，提供有价值的产品或服务的能力。

5. 多样性服务能力

旅游产业正在不断扁平化，未来能够提供综合解决方案的企业才是有竞争力的企业，旅游从业人员也应该在这样的业态发展变化过程中得到启示，不断锻炼和提升自己提供多样性服务的能力。例如，一名领队不仅是当地旅游活动的组织者，更是游客游玩、住宿、餐饮等具体事务的操作者。

（三）旅游类人才的素质要求

1. 创新素质

创新素质即能够针对自身工作任务，结合行业发展形势、组织发展需求，改良或革新工作方式、方法、流程等的能力。创新素质具有较强的综合性，包括创新思维、创新积极性以及创新动手能力等。创新是个人事业发展的动力，也是企业乃至行业发展的动力。

2. 身心素质

身心素质即良好的身体与心理健康状况。随着旅游产业与相关产业的融合发展，旅游从业人员要面临掌握更多行业基础知识的压力，学习和提升过程中会面临更多的挑战。同时，消费者不断提升的需求也给从业人员提出了更多更高的要求。没有良好的身心素质，是难以从容应对这些挑战和压力的。

3. 个人品质与职业素质

个人品质与职业素质即真诚、善良的个人品质和认真负责的职业素质。旅游从业人员在工作过程中非常重要的一项内容就是与人沟通交流。真诚地与同行沟通交流，才能建立稳固的合作关系；真诚地与顾客沟通交流，才能让顾客宾至如归，提升企业形象。认真负责才能把工作中的各个细节做好，保证良好的工作质量，同时认真负责的工作态度也能感染人，给人安全感。

第三章 山东省旅游产业人才队伍建设存在的问题

第一节 招聘方面存在的问题

一、新员工、基层员工流失率居高不下

从典型调查数据来看，山东省旅游从业人员的从业年限不足5年的接近六成，且10年以上有丰富经验的从业人员仅占总数的十分之一，数量不容乐观。在访谈中，几乎所有企业都涉及了一线员工的高流失率问题。而与之相对应的老员工和中高层管理人员则相对稳定。

原因剖析：

（1）晋升通道和晋升空间有限。一方面管理岗位有限，而且管理人员相对稳定，基层员工很难有机会晋升为管理人员，晋升前景渺茫；另一方面，大量基层岗位没有设置技术等级，基层员工不能通过技术等级的提升获得成就感。

（2）分配制度不合理，不同岗位级别收入差距较大，基层员工又难以通过岗位晋升来实现高收入，不公平感强烈。

（3）除岗位晋升和收入提升之外，企业缺乏其他的方式方法使员工获得成就感。

（4）激励方式单一。目前的激励方式还是以物质激励为主，情感激励、精神激励等方式相对缺乏。

（5）旅游业具有明显的季节性，这也是导致基层员工流失率高的重要原因之一。

二、一线人员招聘困难

一线人员流失率高，需要企业人力资源部门加大招聘力度。但是在业界实践中，找到合适的一线人员是一件非常困难的事。专业对口的人才不愿意从事一线辛苦劳动，而社会招聘渠道录用的人员往往在专业技能上不过关。不得已只能招聘在校学生以实习生的身份弥补空缺，由于还有在校课程任务，往往工作期短，轮换频繁，使得企业培训压力增大。

原因剖析：

（1）近几年，旅游行业工资走低，一线岗位起薪更是低上加低，无法吸引优秀人才资源加入。

（2）一线员工往往从事简单重复劳动，社会认可度低。

（3）学生到企业实习的主要目的是获取行业经验，企业很难将优秀的实习生聘为正式员工。

三、高级专业人员、复合型人才严重匮乏

主要表现在专业技能人才和行业高级经营管理人才的匮乏上，

包括旅游产品设计人才、各领域里的旅游英语人才、专业的旅游法律人才、专业旅游领队、各领域里的高级经营管理人才等。这些情况表明山东旅游人才的现状难以形成强有力的人才智力支撑，难以满足山东省旅游业快速发展的需要。在知识经济时代，要想加速旅游业发展，真正使之成为山东经济发展的龙头产业，支柱产业，必须在人才的质量上有大的提升。

原因剖析：

（1）旅游行业吸引力相对较差，高等级院校培养出来的人才以及其他行业的人才不太愿意在旅游行业就业。

（2）旅游行业多数岗位职业晋升空间有限，高学历、高素质、有经验的人才外流到其他行业，如奢侈品行业。

（3）旅游人才的培养过于大范围、一般化和浅层次，缺乏结构性和战略性的谋划。

（4）旅游行业在岗高级人才学习意愿和能力不强烈，难以适应时代要求。

四、新兴旅游业态对口专业人才紧缺

山东省旅游业发展较快，随着山东省融合式发展战略的实施，旅游产业与新型城镇化、新型工业化、农业现代化、现代服务业等的融合发展已经取得了突出的成绩，各种新业态也不断凸显，旅游规划、旅游策划、旅游市场营销、会展、电子商务等新兴业态人才紧缺。

原因剖析：

（1）传统旅游人才由于缺乏相关基础知识，向新业态流动阻力较大。

（2）高校等相关领域和岗位的人才知识结构和能力结构的研究

还不够，难以制订出适合岗位需求的人才培养方案。

（3）高校教师行业实践经验缺乏，课堂教学不能与行业发展实际相结合。

（4）政产学研合作不够深化，没有实现供需的良好沟通与协调。

（5）院校专业设置滞后，由于高校缺乏专业设置的自主决策权，即便感知到行业需求，想要成功申请新业态相关专业也需要漫长的周期和教育管理部门的严格审批程序。

第二节　培训开发方面存在的问题及原因

一、没有制订具有针对性的培养方案

不同学历水平的无经验员工入职都需要从最基层做起，并且薪水、职位差异不大，未来职业发展路径不清晰。只有少数的员工对自己未来的成长路径都有比较清晰的认知，大量员工需要企业的帮助为其规划职业发展路径，然而大量企业没有履行好这一职责，这就导致许多应届大学毕业生看不到个人发展前景，不愿进入旅游行业就业，大量专业人才流失。即使有些毕业生留在旅游行业，也会因为初始的简单无差别的重复劳动而丧失耐心，流向其他行业。

原因剖析：

（1）企业人才战略、人才储备意识淡薄，没有详细的职业发展路径规划。没有从吸引有潜力人才角度设计管理实习生制度或专业技术人才培养制度。

（2）企业对人力资源管理缺乏准确定位，人力资源管理部门建设投入不足，导致企业人力资源部人手有限，而针对每个员工做职业培养方案需要耗费大量精力，部分企业因此放弃。

（3）政府和行业协会也没有明确的政策引导和制度设计，指导企业人员的培养方向。

二、培训内容和形式过于单一，后续培训缺失

大部分企业对员工的培训仅停留在最初的入职培训上，后续对于专业知识、人文素养、经验交流等方面的提升培训很少涉及，不注重员工在工作中的成长培养，更不用说企业设立专项资金培养优秀员工继续深造了。

原因剖析：

（1）企业人力资源部门对员工培训重视程度不够，人才开发的专业技能不够。

（2）企业缺乏战略眼光，更愿意投资到可以立见成效的硬件设施，而非需要长期培养的员工软实力上。

（3）行业利润下滑，导致企业资金紧张，加之员工流失率居高不下，企业大都是尽量缩减培训费用。

（4）工作中琐事繁杂，员工也无暇顾及个人职业成长，或是根本不知道自己的职业发展规划，难以提出比较清晰的继续教育要求。

三、从业人员个人素质和专业技能有待提升

调查显示，旅游从业人员具备本科及以上学历的人员不足

20%，同时大量人员没有从业资格证或是专业技术等级认证。随着山东省旅游业进入发展的快车道，对从业人员个人素质和专业技能将提出更高的要求。

原因剖析：

（1）旅游行业的吸引力不够，不能吸引更多高素质人才进入旅游领域。

（2）员工个人对自身没有高要求，缺失做好工作的热情和激情。

（3）缺乏持续学习进步的成长机制和环境。

四、从业人员服务意识淡薄，责任意识欠佳

在访谈与实地走访中，项目组发现调研地区旅游行业从业人员缺乏从事服务业应有的热情、主动等特点，态度淡漠，这反映出调研地区旅游行业从业人员服务意识淡薄，在景区和饭店行业尤为明显。在顾客遇到困难时，不能主动帮助顾客解决，反而一再推诿，缺乏责任意识。

原因剖析：

（1）从业人员服务意识培训缺位，没有从心底树立为顾客服务的观念。

（2）岗前培训不到位，员工不能认清自己的角色，不能准确给自己定位。

（3）中国传统观念的影响，不愿从事服务业工作。

（4）激励机制设计时忽略服务质量这一软指标。

（5）员工的相互影响，一旦出现一个不负责任的员工，并且没有受到处罚，员工便会相互效仿，助长不良风气。

第三节　激励方面存在的问题及原因

一、基层员工薪资水平相对较低

根据调研小组收集的数据，企业员工月薪中位数集中在 2000～3000 元/月，且多数为酒店前台、导游、客房服务员等劳动密集型基层岗位。基层员工平均月薪不足 2500 元，远低于山东省 2017 年月平均工资 4653 元的水平。旅游人才保障机制不完善，尤其是基层服务技能人才，医疗、住房等社会保险政策落实不是很到位，制约了人才队伍建设的稳定性。

原因剖析：

（1）基层员工人数众多而企业利润有限。

（2）基层员工劳动技术含量低，多是简单重复劳动，因此岗位基本工资低。

（3）行业入职门槛低，行业知识技能要求不高。

（4）愿意从事服务业的人员日益减少，招工较困难，只能降低招聘条件，相应的工资待遇自然也会下降。

二、绩效工资与员工能力不匹配

在实地走访中，许多基层员工反映，在他们周围一些具有高学历、岗位资格证书、外语水平的人才，在薪水上与普通员工并无太大差异，没有相应的奖励或支持，这大大打击了员工的上进心，导致员工缺乏进步动力，部分员工在掌握多种技能，成为复合型人才后，选择跳槽，离开现有企业、现有行业，导致人才严重流失。

原因剖析：

（1）企业薪酬设计、薪酬结构不合理。

（2）企业对人才重视程度不够，缺乏科学合理的人力资源配置机制，往往任人唯亲，而不是任人唯贤。

（3）岗位层级不够丰富，取得相应证书或能力后不能与薪酬挂钩，员工奋斗无望。

三、编制问题导致岗位与人才不匹配

体制改革遗留的编制问题在景区行业尤为严重。山东省约有一半的 A 级景区属于事业编制，而事业编制带来的问题就是，景区在用人上没有自主权，需要经过国家统一招考，才能得到人员分配，而非景区按岗所需，自行招聘符合的人才。有时当景区发展急需人才时，却迟迟不能申请到编制指标，导致人员力量不足，严重影响景区发展进程。更为现实的是，许多景区用人存在多种聘用方式，事业编和合同制并存，工作人员产生攀比心理、优越感等不良心理状态，导致人才不能得到有效利用。

原因剖析：

（1）单位缺乏招聘自主权。

（2）组织用工与事业编制招聘岗位负责人信息不对称，组织用工需求难以为招考负责人所知。

（3）需要流动的人员因为编制问题又不能辞退，制约了对优秀人才的吸引和保留。

（4）同工不同酬现象严重，往往是非编制人员工作负荷大而工资待遇低。

四、精神激励制度不健全

无论是从企业人力资源部门负责人的访谈，还是行业座谈的内容来看，山东省大部分旅游企业尚未意识到精神激励的重要性。除了旅游发展委员会组织的各式技能大赛获奖后有物质激励之外，人力资源体制设计中并没有对于精神激励的内容。企业内部很少有技能竞赛，或者对表现优秀的从业人员给予"优秀"称谓，希望其能起到榜样作用，激励周边没得到殊荣的同事努力工作。单一使用物质激励造成的结果则是激励手段的边际效应递减，物质激励效果越来越不明显。

原因剖析：

（1）人力资源部门对精神激励手段的效果不够重视，多种激励手段的整合运用不够充分。

（2）员工也更看重物质利益的刺激，而非精神上的荣誉称号。

（3）缺乏对分类激励手段及效果的研究和运用，精神激励对大多数一线员工效果并不理想。

第四节　规划方面存在的问题及原因

一、岗位员工没有相应资质证书

在对旅行社、酒店和景区的行业座谈会上，三个行业的代表都不约而同地提到了岗位员工没有相应资质证书的问题。这种现象不仅给企业如何衡量应聘者的能力增加了困难，而且加剧了按人才能力定岗定薪的难度。根据《行政许可法》《导游人员管理条例》等有关法律法规要求，行政许可类资格证书只有导游资格证书。根据2000年劳动和社会保障部的政策，资格证书制度的推行以技术工种为主，其目的在于推进就业准入制度，而旅游业的众多职业由于门槛较低，不便于推行就业准入，因此涉及旅游行业的水平类资格证书较少，主要有中式烹调师、中式面点师、西式烹调师、西式面点师、调酒师、营养配餐员、前厅服务员、客房服务员、保健按摩师等。目前设立的职称系列中，一般旅游技术型人才都申报经济师或其他类职称，导致很多旅游类技术人才缺乏职称晋升渠道，极大地限制了人才发展。

原因剖析：

（1）劳动和社会保障部颁发的《职业大典》中对旅游行业职位收录过少，仅有厨师、调酒师、导游等极少数的职位描述。

（2）行业主管政府部门没能及时洞察企业这一用工需求，不能及时对行业岗位进行归纳和评定，也没有出台相应的统一的岗位评定标准。

二、部分行业服务标准不够完善

相对于酒店行业较为完善的服务标准来讲，旅行社和景区行业的服务标准尚不明确。带团导游在工作中除了完成既定导游词之外，更多的就是软硬兼施，诱导游客购物从而获得回扣，获取尽可能多的收入。实际上，作为最直接的对客接触环节，导游的服务质量最直接影响着顾客出游体验。因此，导游行业服务标准制定势在必行。景区也是如此，解说员不能仅仅讲完解说词就算是完成工作，而应该主动与游客互动，将自身所学活灵活现的传达给游客。现行企业规章制度，只是定下了穿着、礼貌用语等硬标准，而对于服务标准等软性部分却很少涉及。

原因剖析：

（1）各地行业管理部门对服务标准的重视程度不高。

（2）企业人力资源部忙于招聘，过多将精力聚焦于薪酬制度设计上，忽视了最为重要的服务质量，没能及时制定岗位服务标准。

三、员工职业生涯规划过于简单

山东省旅游企业的员工职业生涯规划无外乎是基层员工、主管、部门经理、总监、总经理一步一步的晋升方式。然而，并不是所有的员工都适宜和喜欢成为管理者。有相当可观数量的员工是因为喜欢与人交往而选择从事旅游行业，盲目将其晋升为管理层，不仅打消其工作积极性，而且不能使人才尽其所长。此外，员工入职时的能力与素质不尽相同，初中学历的新员工显然在培养路径和职业规划上不能简单等同于研究生学历的新员工。而现行的人力资源管理实践中，没有明确不同背景、不同能力员工的个性化成长路线，大而化之的统一培养，严重阻碍了人才能力水平的发挥。

原因剖析：

（1）针对不同类型的员工分别设计职业成长路线，耗费大量人力、物力、财力，而培养出来的人才也不一定能长久地为公司所用，故而大部分企业不愿做这种"为他人作嫁衣"的亏本买卖。

（2）部分企业管理层没有看到潜在人才对企业未来发展的重要性，甚至认为人才水平提高后势必要求与薪酬挂钩，增加成本压力，不如保持原状维持生存，不能高瞻远瞩制定人才培养战略。

第四章　新时代山东省旅游产业人才队伍建设理念

第一节　高质量发展理念

一、高质量发展内涵

高质量发展是 2017 年中国共产党第十九次全国代表大会首次提出的新表述，表明中国经济由高速增长阶段转向高质量发展阶段。党的十九大报告中提出的"建立健全绿色低碳循环发展的经济体系"为新时代下高质量发展指明了方向，同时也提出了一个极为重要的时代课题①。

党的十九届四中全会《中共中央关于坚持和完善中国特色社会主义制度　推进国家治理体系和治理能力现代化若干重大问题的决定》指出："坚持和完善社会主义基本经济制度，推动经济高质量

---

① 牢记绿色发展使命推动经济高质量发展．人民政协网，http：//www. rmlt. com. cn/2019/0920/557345. shtml.

发展""全面贯彻新发展理念，坚持以供给侧结构性改革为主线，加快建设现代化经济体系"。全面贯彻新发展理念、坚持以供给侧结构性改革为主线和加快建设现代化经济体系是相互关联的统一体，具有一以贯之的内在逻辑，即坚持以人民为中心的发展思想，推动经济发展质量变革、效率变革、动力变革，满足人民日益增长的美好生活需要。以这三个方面为重点构建推动经济高质量发展的基本框架，有利于进一步明确高质量发展的思路、方向和着力点，夯实高质量发展的体制机制基础，推动我国经济在实现高质量发展上不断取得新进展。[①]

二、以高质量发展指导产业人才队伍建设

（一）革新建设思路，提高人才的适应性

新经济时代，创新成为推动社会进步和发展的主要驱动力量。经济社会变化日新月异，旅游产业结构调整步伐也会随着经济社会发展的大势不断加快。这就要求旅游产业人才具有较强的适应性，不断适应新形势，融入新发展。在人才培养上，应该从以下几个方面下好功夫：

（1）注重大局观念的培养。任何产业的发展都要遵循国家发展战略的指导，都要响应国家政策、区域政策，同时也会受到相关其他产业的影响。旅游行业的从业人员，尤其是各级管理人员，势必要具有大局观念，深入研判产业发展环境，才能正确把握工作方向，明确工作思路。

---

① 深入理解和把握经济高质量发展［N］.人民日报，2020 - 05 - 07（9）.

（2）注重学习能力的培养。任何知识和技能都具有时限性，随着时代的进步，已有的知识和技能可能会变得陈旧、过时。从业人员只有不断学习新知识、掌握新技能，才能不断适应岗位的新要求。学习能力是现代知识型工作者的核心竞争力。

（3）构建合理的知识结构。社会分工是提升劳动生产率的重要手段，分工使得社会劳动者的工作面越来越狭窄，从业人员的知识、技能也越来越专业。这一现象给从业人员的职业发展带来了很大的限制。要打破这一限制，必须构建合理的知识结构，不但要学习岗位要求的专业知识，还要注重相关岗位知识的学习。

（二）科学设计评价机制

1. 完善技能等级评定机制

技能等级是评价人才的重要标准，也是建立人力资源市场机制，促进人才合理流动的基础。新的历史时期，政府主管部门、行业协会要立足于高质量发展，在提升各类人才资质的含金量上面下功夫，要严格把好各类资格等级的考评标准关口。

2. 建立以"客户价值"为导向绩效评价机制

任何岗位的存在都是为了服务于一定的"客户"，这里的"客户"可以是外部客户，也可以是内部客户。"客户是上帝"中的"客户"多指外部客户。市场经济环境下，客户需求就是价值导向。新环境下，要把这种市场机制引入组织内部管理中，强调"客户价值"，以业务流程下游（即客户）来评价上游的绩效。只有这样，才能更加客观地衡量岗位价值，也才能不断推进工作的改进和提升。

3. 完善人才"流动"机制

人才合理流动是人力资源合理配置的手段，无论是在行业层面还是组织层面，都需要建立"来得了、干得好、走得掉"的能上能下的人才"流动"机制，唯有这样，才能实现人与工作的最佳配置。

第二节　现代化治理理念

一、现代化治理内涵

自十八届三中全会提出"全面深化改革的总目标是完善和发展中国特色社会主义制度，推进国家治理体系和治理能力现代化"后，关于国家治理的研究成果大量涌现，但学界在治理概念的界定上仍分歧较多。为深入理解治理概念，陆喜元等（2018）从治理与统治、治理与管理关系的视角，把治理看作一种现代管理，分析了现代治理相对于传统治理的几个特征。①

（1）主体的协同性。随着经济社会的现代化，治理主体将呈现出多元化，主要包括政府、社会以及市场。多元主体的任何一方都会在不同的时空表现一定的主导性，展现出一定的优势。现代化的治理，需要不同主体协同，这种协同不仅仅是形式上的协同，更是实质的协同，即价值认同、信息互通、行为协同。

（2）客体的公共性。无论是国家治理、社会治理，还是企业治理、社区治理，治理客体都是具有一定公共性的利益或事务。随着现代化进程的推进，公共生活的领域在不断扩大，治理理念深入人心，治理理论不断完善，治理工具不断优化，治理客体也在不断扩展。

（3）介体的综合性。治理的中介可以是法律、制度、政策体

---

① 陆喜元，马奋强，石应虎．现代化治理的六个特征［N］．甘肃日报，2018－07－07（5）．

系，也有可能是习俗、乡规、道德体系；有可能是强制手段，也有可能是非强制手段；而在现代社会，更可能是以上多种中介的综合运用。

（4）机制的互动性。治理主体的多元性和协同性、治理客体的公共性和复杂性、治理中介的多样性和综合性，决定了治理机制的多向性和互动性。现代化治理旨在建立一种多向、平等、协商、对话的互动机制和开放平台。

（5）目标的集聚性。前已述及，现代化治理旨在建立一种互动机制和开放平台，其根本价值就在于整合各方需求或是分目标，形成一个聚合的整体目标，以整合各方资源，协同各方行动。

二、以现代化治理理念指导产业人才队伍建设

旅游产业人才队伍建设实质上是一个治理问题，应该建立起现代化治理机制，方能达到事半功倍的效果。现代化治理是建立和维护利益相关方治理角色关系的过程，该过程用于降低治理角色的承担风险，从而为实现共同目标、使利益相关方满意提供可靠的管理环境[①]。治理过程中利益相关方之间的关系是一种在完成任务的过程中彼此依存、相互协作的工作伙伴关系；利益相关方在治理周期内得到的利益则应根据其承担责任大小及责任的完成程度来确定，利益相关方的权力和收益是对其所承诺责任的补偿。治理的本质是建立可靠的利益相关方之间的关联关系，这种关系是动态的、多元的、基于角色的网络关系，即治理网络。

旅游产业人才队伍建设治理网络的构建旨在实现三大目的，即设定共同目标、制定建设任务实施策略、实现任务实施过程中的信

---

① 丁荣贵，费振国. 项目治理研究的迭代过程模型［J］. 东岳论丛，2008，29（3）：67－74.

息披露与监控①。

（1）设定共同目标。利益相关方通过治理网络形成了一个虚拟的社会组织，每个利益相关方都是独立的利益单位，具有自律、自适应和自我调节功能，相对独立地运作。要保证利益相关方之间相互协作、步调一致，必须以共同目标为导向，而共同目标是项目利益相关方之间以治理网络为介质，通过谈判、博弈形成。每个利益相关方都有一定的预期，而各自的预期之间可能存在冲突，这就需要利益相关方之间通过谈判形成大家都能够接受的利益分配方案以及责任分配方案，明确各方要完成的任务或需要实现的目标，这些子目标共同构成了总体目标。只有这些目标得以实现，利益相关方的期望才能变成现实。任务实施过程中，由于环境的变化等因素，可能需要进行总体目标的变更或是调整。因此，在整个任务生命周期过程中，整体目标的设定并不是一蹴而就的，而是需要不断重复的。

（2）制定建设任务实施策略。共同目标的实现需要任务实施策略作为保证。首先，每个利益相关方都承担着不同的任务，而这些任务之间并不是独立的，相互之间存在着复杂的依赖关系。这就需要对各项任务进行统筹安排，明确各项任务之间的依赖关系，实施的先后顺序。其次，利益相关方进行合作的一般形式就是分别为整体目标的实现投入不同类型的、不同数量的资源，包括人员、设备、技术、信息等多个方面。然而，不同利益相关方是相对独立的利益群体，他们有各自的社会关系，在为本任务投入资源的同时还进行着其他的任务，还面临着其他的机会，他们有权对自己的行为进行选择和变更。因此，确定并保证利益相关方为建设任务投入资源的数量和质量以及投入时间是必要的。

（3）任务实施过程中的信息披露与监控。一方面，建设实施过

---

① 刘兴智 . 项目治理社会网络风险分析 ［M］. 北京：经济科学出版社，2014.

程中充满了大量的不确定因素，面临着各式各样的风险。整体目标的实现，需要利益相关方之间通力合作，各方为项目投资资源是建设任务顺利开展并取得成功的前提和基础，但是具体何时投入资源，投入多少资源，投入资源后任务进展状况如何，面临哪些需要别的利益相关方支持才能解决的问题等状态信息是各利益相关方进一步开展工作的输入变量。这就需要通过治理网络建立信息披露机制，保证各利益相关方之间的信息共享与同步。另一方面，随着建设任务的实施，有的利益相关方可能会因为信息不对称等原因犯机会主义错误，违背原有承诺，对其他利益相关方的利益乃至整个建设任务造成不利影响。这就需要建立监控机制，及时发现实施过程中的机会主义行为，保证建设任务顺利实施。

第三节　新旧动能转换理念

一、新旧动能转换内涵

新旧动能转换发展经济学概念。新旧动能转换即通过新模式代替旧模式，新业态代替旧业态，新技术代替旧技术，新材料新能源代替旧材料旧能源，实现产业升级，实现数量增长型向质量增长型、外延增长型向内涵增长型、劳动密集型向知识密集型经济增长方式转变。新旧动能转换的实质是增长向发展转换，核心是产业升级的核心动力机制的转换——价格机制向价值机制转换、交易成本降低向附加值提高转换、边际效率提高向边际效益提高转换、经济规模向规模经济转换、要素禀赋比较优势向大众创业万众创新转换、跟爬模式向现代化经济体系转换、GDP 经济向幸福经济转换，理论基础是对称平衡论。①

从国际看，全球金融危机爆发以来，世界经济进入长周期深度调整阶段，深层次结构性矛盾集中显现，潜在增长率持续下降。同时，创新正成为全球经济增长的新引擎，新一轮科技革命和产业变革加速孕育、集聚迸发，正在引发国际产业分工深刻变化，重塑世界经济格局。新旧动能转换成为世界经济复苏繁荣的关键，主要发达国家和新兴经济体纷纷调整发展战略，超前部署面向未来的创新行动，积极抢占发展制高点。

从国内看，"十三五"以来，我国加快推进供给侧结构性改革并取得明显成效，经济增长的内生力量不断增强，经济运行由降转稳的态势更加巩固。党的十九大报告提出，我国经济已由高速增长阶段转向高质量发展阶段，正处在转变发展方式、优化经济结构、转换增长动力的攻关期，必须坚持质量第一、效益优先，以供给侧结构性改革为主线，推动经济发展质量变革、效率变革、动力变革，不断增强我国经济创新力和竞争力。新旧动能转换成为构建现代化经济体系的战略选择。

从全省看，省委、省政府认真贯彻落实党的十九大精神，紧紧抓住山东新旧动能转换综合试验区获批建设的重大战略机遇，以《山东新旧动能转换综合试验区建设总体方案》（以下简称《总体方案》）统筹谋划、科学部署，加快改造旧动能，大力培植新动能，健全完善促进新旧动能转换的政策体系和体制机制，努力解决长期以来制约山东发展的瓶颈问题，全面增强经济创新力和竞争力，将进一步提升山东在全国发展大局中的地位和作用。

---

① 陈世清．对称经济学术语表．光明网．http://finance.takungpao.com/mjzl/mjhz/2015-09/3176423.html.2019-08-28.

二、以新旧动能转换理念指导产业人才队伍建设

坚持用足用好用活各项政策，贯彻落实好省新旧动能政策的同时，紧密结合旅游产业发展实际和需要，学习借鉴外地先进经验做法，动态制定加快旅游产业新旧动能转换的旅游人才保障体系。

（一）完善旅游人才培育机制

全力支持山东省各高校旅游专业的发展，引导高校根据发展需要动态调整教学内容和课程设计，培养一大批旅游产业新旧动能转换急需的紧缺人才。实施专业技术人才知识更新工程，培养工匠型骨干专业技术人才。实施好高技能人才"提升工程"，传承弘扬劳模精神、工匠精神，打造知识型、技能型、创新型劳动者大军。大力倡导企业家精神，依法保护企业家的创新收益和财产权，培养造就具有战略思维、国际视野和勇于创新精神的企业家和经营管理人才队伍。制定旅游人才发展专项规划，建立旅游人才信息库，搭建旅游人才培育平台和服务平台，实施"旅游人才发展工程"。建立旅游服务人才技能培训制度、资格认证制度、持证上岗制度，加强旅游从业人员的职业技能培训。依托高等院校、专业培训机构和优秀企业，通过联合培养、委托培养、挂职锻炼等方式，实施旅游企业中高层管理人员在岗定期轮训。

（二）创新人才引进模式

依托海外招才引智工作站，以及在北京、上海、广州、长三角等全国重点城市和区域的招才引智工作站，大力引进"千人计划"

"万人计划""长江学者"等高层次领军人才及创新团队。加快科技企业孵化器、众创空间和人才聚集园区建设，吸引一批高层次人才入驻创新创业。支持国内外知名大学和科研院所、世界500强企业等在山东设立或共建具有独立法人资格的研发总部或研发机构，引入核心技术并配置核心研发团队。鼓励支持企业与国内外科研机构、高校院所等建立长期合作关系，实现科研成果在我市持续转移转化。推动校企深度合作，鼓励企业采取合作方式"柔性"引进高层次人才及团队。

（三）强化人才激励

深入贯彻落实《关于深化人才发展体制机制改革的意见》和人才新政"二十二条"，逐步完善人才使用、评价、激励机制，加快构建人才脱颖而出、梯队发展、自由流动的制度环境。发挥市创业投资引导资金作用，设立人才创新创业基金。对引进的顶尖人才给予创新创业资金扶持。对自主申报入选国家级、省级重点人才工程的高层次人才，按规定给予表彰奖励。对高端紧缺人才，给予科技成果转让、科研成果奖励以及个人所得税减免政策。采取发放一次性住房补贴、按月发放住房补贴、免费租赁公寓等多种方式，灵活解决各类人才住房问题。开辟人才服务"绿色通道"，着力解决人才居留落户、医疗保健、子女入学等问题。鼓励引导企业采取分配股权等多种激励方式，让人才"引得来、留得住、干得好"。

第五章　山东省旅游产业人才队伍建设的对策与建议

第一节　旅游主管部门要加强引导和规划管理

一、营造崇尚旅游职业的社会氛围，改善人才发展环境

国内外实践表明，旅游人才越来越成为影响旅游业快速发展的重要因素。而当今各类旅游人才紧缺与旅游业对人才需求激增之间的矛盾愈演愈烈，加之当前社会普遍存在的对旅游业了解不深、对旅游业相关职业认识存在偏见的现象，都给旅游人才队伍建设设置了无形的障碍。因此要想壮大山东省旅游人才队伍，首先需要旅游主管部门树立强烈的人才意识，积极营造举才、惜才、敬才、用才的良好氛围，形成引得进、留得住、用得好的人才发展环境，进一步加强政策宣传，吸引更多有想法、能担当的有志之士加入到山东

省旅游人才队伍中来。

一方面，旅游主管部门可以借助时下受众最广的互联网平台，通过官方微博、微信等宣传媒介广泛宣传旅游业，通过纪录片等形式聚焦旅游从业人员的工作百态、突出贡献等，树立旅游职业的美好形象和声誉，让社会公众能够有渠道真正了解旅游业，理解旅游从业人员的工作，尊重旅游行业人员，从细微之处改变对旅游业相关职业的误解和偏见。另一方面，旅游主管部门可以定期举办旅游人才的评优活动以及技能竞赛活动，通过评优活动对为旅游业发展中做出突出贡献的人员给予奖励，通过行业类技能竞赛选出行业优秀人才，树立"标杆"，激发从业人员的职业荣誉感和归属感，用情感激励留住人才、吸引人才。再者，可以依托省人才交流中心与人才服务中心，搭建一个常态化的行业人才交流平台，并以此促进旅游业的信息共享、人才交流和技术进步。除此之外，旅游主管部门还可以牵头开展旅游业最佳雇主评选活动，以表彰在维护员工权益方面做出突出贡献的旅游企业，营造和谐的行业用工环境。

二、创新旅游人才发展体制，完善人才工作机制

山东省"十三五"规划中提到，旅游业要牢牢把握"三个契合"，即旅游发展与中央和省委、省政府的决策部署及文化和旅游部的工作安排相契合；旅游发展与经济社会发展的一般规律及旅游消费需求相契合；旅游发展与最新观念、最新理念、最新科技、最新模式相契合。相应地，山东省旅游人才队伍建设方面也要实现这种契合，即旅游人才不但要与当前旅游业发展的人才需求相契合，还需要旅游主管部门不断创新旅游人才发展机制，使旅游人才的培养与最新理念、最新模式相契合。其中，建立符合旅游产业性质和

运行特点的人才选拔、考评、奖惩等人事管理制度正是创新人才发展体制的基本要求。鉴于当前旅游人才队伍建设中暴露的招聘、培训、激励、规划等方面的问题，尤其是山东省景区行业体制改革遗留的编制问题导致企业用人没有自主权，无法及时获取合适的岗位匹配人才等问题，旅游主管部门应加快体制改革进度，建立系统完善、切实可行的引才、用才、养才、评才机制，力求为旅游人才队伍建设提供充分的制度保障。

一是要完善更加灵活开放的引才用才机制。积极引导并支持优秀企事业单位，通过学术交流、创新研究、战略合作等方式，充分发挥人才交流协会、人才中介等渠道的联络作用，多渠道、多形式积极引进高层次人才和高技术人才参与山东省旅游业发展。二是要完善以创新创业为导向的人才培养支持机制。既要加大对旅游人才的投入，确保人才队伍建设的资金，又需完善技能型人才培养模式，建立产学研相结合，校企、校所等联合招生、联合培养的新模式，构建多层次、全方位的人才培养体系。三是完善以品德、能力、业绩为重点的人才评价机制。这就要求我们不断改进评价考核方式，对不同类型人才的考核标准加以区分，如对基础研究人才要以学术贡献为主，而对技术开发人才则需强调市场评价部分，以此类推，积极稳妥地推进人才评价工作。

三、优化旅游人才晋升路径，做好旅游人才规划

旅游人才招聘难、留不住，很大程度上是因为从业人员对自己的将来没有明确的职业生涯规划，对自己的成长成才路径认识不清晰。因此，要想提高山东省旅游人才队伍的建设水平，旅游主管部门就要时刻保持敏锐的观察力，洞悉当前社会对旅游人才提出的种

种岗位能力需求，不断革新旅游人才认定评级机制和旅游业各环节的职业资格考核评价体系，科学制定并实施旅游人才战略规划，优化旅游人才晋升路径，在增强旅游业就业吸引力的同时，培养一批高层次、专业化的复合型旅游人才。

　　为做好旅游业的人才规划，旅游主管部门应与旅游企业等机构统一思想，在探明发展实际的前提下，有针对性地革新旅游业单一的行政、技术等职位晋升路径，实施行政类职位晋升与专业化、创意性职位晋升相结合的多轨制职业发展路径，弥补当前行业发展中对专业类、创意类等人才的需求缺口，并拓宽旅游基层员工的职业成长平台。首先，旅游主管部门应根据旅游业相关法律要求及行业内岗位需求，及时对行业岗位进行归纳和评定，并出台统一的岗位评定标准和岗位人才资质的考核评价办法，这不仅可以明确衡量旅游人才的发展阶段及成长路径，更能使按人才能力定岗定薪变得有据可循。例如，建立技术岗位等级考评制度的顶层设计，对饭店、旅行社、旅游景区等旅游企业的工作岗位实行分类分级考评；建立常态化的旅游专业技术等级考核机制，打通旅游从业人员晋升专业技术等级的通道。其次，旅游主管部门应提高对旅游职业岗位服务的重视，通过制定专门的岗位服务标准，提升服务质量。再次，旅游主管部门应建立旅游专业技术人才的薪资福利保障机制。例如，旅游主管部门可以通过把相关旅游企业拥有的专业技术人才规模及产生的效能作为衡量其发展等级的重要依据，这势必引导旅游企业重视创造性人才，有利于企业进一步的成长与发展。同时，专业技术晋升制度也为旅游从业人员创造了更大的职业成长空间，有利于鼓励基层员工长期从事专业技术岗位，从而实现员工、企业和行业发展的多赢。

四、强化旅游人才权益保障，构建科学收入分配体系

旅游主管部门应该对旅游人才的权益和薪酬福利做出相应的引导和管理。一方面是建立更加具体、可操作的旅游从业人员权益保障机制，以切实有效地保障旅游从业人员的工作权益。旅游主管部门应加强与劳动部门的合作，按照社会统筹和个人账户相结合的原则，健全养老、医疗、失业等社会保障体系，切实解除人才流动的后顾之忧。另一方面是要改革薪酬福利体系，通过引导旅游企事业单位改革薪酬福利体系，切实提高普通员工的薪酬和福利水平。例如，对于普通员工，实行薪酬与职位和绩效同时挂钩，切实提高薪酬和福利水平；而对于高管层次员工，要实行以经营业绩为核心的多元分配体系，拉开分配档次，允许获得较高的薪酬。

在强化旅游人才权益保障方面，可以建立劳动纠纷快速处理机制。旅游主管部门应设立专门的旅游从业人员权益援助组织，负责协调相关部门快速处理旅游业的劳动纠纷，处理旅游从业人员权益侵害事件，切实维护旅游从业人员的合理权益。在科学构建薪酬福利体系方面，旅游主管部门可以通过定期公布省域范围内旅游行业的工资数据，包括不同类型企业、不同岗位的最高工资、最低工资、平均工资等，并根据不同地区的实际情况分类设定最低工资建议，以信息调控手段引导旅游企业切实保障基层员工的合理劳动收入与福利。除此之外，旅游主管部门还可以设立旅游从业人员权益保障基金，主要用于对弱势或困难的旅游从业人员进行法律援助、生活救助等。与此同时，加强对旅游企业管理者有关劳动法规的普及培训，并将旅游企业维护劳动者权益的事件作为其评级、评优的重要评价指标，大力推进旅游人才队伍的建设。

第二节　旅游院校要明确培养目标和改革办学思路

一、明确培养目标，分层次培养旅游人才

旅游人才的培养应与市场需求相匹配，不断提高旅游人才培养的质量及专业人才利用率。旅游院校在看到旅游行业快速发展所带来的旅游人才需求总量大幅提升、旅游专业发展进入黄金时代这一历史机遇的同时，也要充分认识到旅游需求开始向"常态化""多样化"的转变。这就要求山东省各大旅游院校深入了解旅游传统业态及新业态对旅游人才素质的要求，调整自己的培养目标，找准专业定位，以"市场"思维做好旅游人才的培养工作，源源不断地为旅游市场注入高质量的新鲜血液。

与此同时，各院校对旅游人才的培养不应该千篇一律，而应有层次、有特色。本科院校要着复合型人才、研究型人才和管理储备人才的培养。专科院校职业化，根据自身优势和特色，开设前沿的特色专业，如低空旅游、空乘、邮轮服务等。与此同时，专科院校可采用校企合作的方式，就对口企业急需的人才进行订单式培养，在提高毕业生就业率的同时，也能够有效提高专业人才的利用率。

二、加大旅游教育投入，用活学校旅游教育资源

学校是一个智力密集的单位，应充分发挥学校旅游教育智力资

源的优势，深度挖掘和利用各类旅游教育资源，依靠高校自身的力量创造合理收益，解决学校旅游教育经费不足的问题。

学校旅游教育资源的开发可分为两种：外延开发和内涵开发。外延开发指的是采用有效手段，充分利用各种学校旅游教育资源，调动内在和外在力量的积极主动性，以达到盘活一切旅游教育资源利用效率的目的，提高资源利用的广度，如合理安排学校的师资，在保证常规的教学科研任务的基础上，组织社会所需的旅游专业培训，从中获取收益以支持旅游教育的发展。内涵开发指的是挖掘或重组现有的学校旅游教育资源，强调资源利用的质量和效益，提高资源利用的深度。如通过提升教师水平、课程品质等提高学校旅游教育社会培训的质量，不断吸引更多的人主动求学。

三、加强师资队伍建设，深化教学体制改革

师资队伍是保证教学质量的关键，也是深化教学改革的关键。首先，各院校应该参考借鉴中西方休闲教育的发展模式，结合学校自身的资源，实施旅游教育教师重点扶持计划，制订系统的旅游教育教师培养方案，并设定专门的组织管理机构，组织他们系统地学习前沿理论和知识，在此基础上充分结合现有专业的特色，不断提高教师的旅游专业能力和专业素养，有针对性地培养一批符合旅游教育需求的、兼具实践教学能力的专业型人才。同时，充分发挥杰出人才的引领作用，建设一批有凝聚力的、有活力的、有利于人才成长的旅游教育团队。其次，山东省旅游、教育等主管部门应以旅游教育人才培养项目的形式，定期组织专业教师和管理人员到国内外旅游研究的著名大学或研究机构学习或工作，支持他们走向世界，开展旅游教育国际合作，开阔视野，提高学术和管理水平；继续选派旅游相关教师，特别是有关旅游的基础课和专业基础课教师

到国内外研修；坚持引进和培育并重原则，加强内部挖掘，培育一批学术基础扎实、具有突出创新能力和较高国际学术声誉的杰出旅游专业人才。

与此同时，旅游专业人才的匮乏，成为限制山东省旅游人才发展的主要原因。美国、英国、中国台湾等地的旅游教育已相对成熟，同时，浙江大学、中山大学等国内高校的旅游教育水平也优于山东省。建议山东省尽快建立优秀旅游教育人才库，启用高层次旅游专业人才柔性引进制度和人才租赁制度。首先，山东省各院校可根据自身需求搭建平台、调整政策，加强出国留学人员、海外华人、国际智力资源的引进，使教师的数量和质量都能满足旅游教育的需要。同时，山东省各地高校与相关科研机构可通过项目式、合作式、兼职式、聘用式等引智方式，对旅游专业人才做到不求所有，只求所用，最大限度地发挥旅游专业人才服务整个山东地区的作用。其次，山东省内各所本科院校的教育水平、人才数量、员工素质与工作条件上差距较大，人才的马太效应会使高端旅游专业人才竞相流入山东大学、中国海洋大学、中国石油大学等"211"院校，造成山东省大学旅游教育水平的不均衡。建议山东省尽快建立旅游专业人才的租赁制度，山东省高层次旅游专业人才无须进行户籍、档案、养老保险转移与家庭的迁移。普通高校尽快进行专家工作站、公寓楼与旅游专业人才服务区等基础设施建设，吸引更多高层次旅游专业的人才。通过租赁制度，实现旅游专业人才资源在山东省的合理配置和高效利用。

四、重构课程体系，多样化教学模式

借鉴国内外专业课程设置的成功经验，结合山东省的实际情况，建议采用学科式与模块式相结合的方式构建旅游专业课程体系。学科式作为传统的课程体系构建方式，其基于学科内容的内部组织形式突出了学科的内在结构和基本逻辑。依据该构建方式，旅游专业课程构建可从纵向结构上分为通识教育课程层面、学科基础课程层面以及专业课程层面，三者间按照合理的比例关系构成相辅相成、层次鲜明的课程体系。模块式是指从横向上将专业开设的课程划分为几个相对独立的模块，几个模块按照一定的形式组合构成横向平行课程体系。

旅游专业的教学应采用多样化的教学模式，以实现学校主动、社会联动的旅游教育。除了单一学科的课堂教学模式外，建议适当采用社会活动式教学模式、定制式教学模式等，使旅游教学能够走出校门，通过实践和个性化地培养，提高学生的综合素质、职业体验、能力、态度和习惯。

五、发展专业学位，对接企业需求

旅游专业学位是为具有一定旅游工作经历的在职人员，提供一个在岗学习、提高专业水平、增强竞争力的平台。旅游专业学位的发展对在职人员的后续培养、优化在职人员结构、满足社会多样化需求具有重要意义。

旅游专业教育的发展需要突出实践导向，有效整合旅游资源，推进校企合作办学，时刻把握行业热点、前沿；突出旅游业关联性强、辐射面广和构成复杂的特点；注重运用团体辅导、案例分析、现场研究等教学方法，提高学生的旅游管理能力和专业能力。各个有资质的培养单位应依托自身专业基础、所在城市优势，开设以专业知识为基础、以提高实践能力为目标的特色品牌课程。

第三节　旅游企业要强化人才战略的谋划和运营

一、强化企业人才战略，创新人才管理理念

随着旅游企业竞争日益激烈，人才管理在企业管理中的重要性愈发明显，并且已经上升到企业战略管理层面。旅游企业应该树立"人才资源是第一资源"的理念，充分认识到人才战略对于吸引人才、留住人才的重要作用。旅游企业在制定人才战略时，必须以企业整体战略为导向，并基于 SWOT 分析法进行科学分析，充分了解企业所处的内外部环境，认清企业面临的优势与劣势、机遇与挑战，预测企业未来发展的人才需求，科学合理地制定企业人才战略，并贯彻于人才招聘、培训、考核等管理的全过程中。

在调查中发现，旅游企业的许多管理人员是由从业人员直接转型而来的，他们缺乏科学系统的人才管理理念。旅游企业若想在人才资源管理领域有所突破，就必须创新人才管理理念，可以通过以下几个方面进行：第一，将人本管理理念落实到管理工作中，使员工的目标、个人需求与企业的整体目标和战略规划有机地结合在一起，充分挖掘员工的积极性和潜能，提高企业的核心竞争力；第二，加强管理者的培训工作，鼓励管理者积极主动参与企业和高校的各项培训活动，不断更新自身的知识库；第三，对员工采用扁平化管理方式，带动员工参与到企业管理中来，与员工建立和谐的合作关系，增强企业的可持续发展能力，同时增强员工的工作信心和归属感。

二、健全企业培训机制，提高旅游人才素质

旅游企业人才素质的高低，直接影响旅游企业的生存与发展。目前，企业的培训工作已成为提高现有人才素质的重要手段，也是企业应对激烈市场竞争的重要途径。为增强员工的敬业精神，能提供高质量的服务，旅游企业必须重视培训制度，健全企业培训机制，使人才继续教育与企业战略目标紧密结合，强化企业人才的经营理念，提高旅游人才自身素养。

第一，培养方案要具有针对性。培训之前需要明确培养目标，兼顾企业和员工需求，制订有针对性的培养方案。针对新员工的入职培训，侧重让员工尽快了解工作技能、适应工作环境；针对在职人员的后续培训，侧重员工个人职业发展、调动工作积极性。第二，培训内容和方式多元化。单纯依靠传统的培训方式并不能有效地激发人的学习潜能，旅游企业可以采用多渠道、多层次、多媒体的学习模式，侧重开放互动的方式提高员工积极性，可以开展校企合作方式，充分运用案例分析、情景模拟、拓展演练、远程教育等方法，兼顾理论和实践相结合，为员工量身打造专属的培训方式。第三，打造长期学习的培训机制。人们的学习和实践是永无止境的，培训效果也并不会立马见效，旅游企业应打造持续学习进步的成长机制和环境，把培训作为一项长期坚持的工作，让员工不断系统地学习，将普通人才变成高效人才。

三、改革薪酬制度，重视精神激励的作用

如果一个企业的薪酬结构设计不合理，相较于其他企业而言就

会缺乏竞争力，容易导致员工频繁跳槽，从而加大培训成本，造成企业资源的浪费。在实地调查中发现，旅游企业均面临招工难、人员流失率高的难题，而这是薪酬制度不合理导致的。因此，旅游企业应设计更为人性化的薪酬制度，做到绩效和报酬相挂钩，在尽可能的范围之内为员工提供力所能及的福利待遇。

旅游企业改革现有的薪酬制度，可从以下几个方面着手：第一，建立科学有效的绩效考核评价体系。旅游企业员工类型比较复杂，所从事的工作也有较大差异，企业应针对不同类型的员工采取不同的绩效考核方法，此外，企业应从多方面进行考核，包括员工的素质、顾客对服务质量的评价等软性指标；第二，实行公平合理的薪酬管理制度。企业要将员工的薪酬与个人能力挂钩，薪酬的设计以绩效为导向，优化薪酬结构，并可根据企业实际情况创新薪酬形式，薪酬的分级、定级也要合理，在一定程度上拉开薪酬的差距，从而增加员工的公平感，达到薪酬激励的目的；第三，采用多样化的激励手段，重视精神激励。精神激励不仅仅是传统的赞扬、荣誉等奖励，更应是赋予员工更多的权利和责任，让员工意识到自身的价值，增加他们的企业认同感，有利于调动员工的积极性，更多地参与到企业中来。

四、基于企业发展战略，制定员工职业生涯规划

企业员工的个人发展与企业的发展相互依存，有效的员工职业生涯规划应该从企业和员工两个方面进行把握与设计。对于员工而言，制定科学的职业生涯规划，可以帮助他们明确工作发展方向，有利于激发个人潜能，实现自身价值目标；对旅游企业来说，为员工进行职业生涯规划管理，可以帮助企业留住人才，增强企业凝聚力，以便更好地实现企业整体战略目标。

在调查中发现，大部分的旅游企业都缺少对员工的职业生涯规划管理，或者职业生涯规划过于简单，企业并未认识到员工职业生涯规划管理对促进企业发展的重要性。首先，旅游企业要在思想上重视员工职业生涯规划管理，并将此制度化，与企业整体发展战略相结合，全方位、全过程地为员工职业发展提供指导。其次，旅游企业要始终贯彻"人本管理"思想，在制定职业规划之前，先对员工的个人特征、能力水平和职业倾向等进行客观的评估，引导员工更加清晰地认识自己，明确未来职业发展路径，有针对性地制定合适的职业生涯规划。最后，职业生涯规划并不是一成不变的。员工所处的工作环境及自身的职业素养是不断变化的，由于各种原因，职业生涯规划可能会脱离员工的职业目标。因此，员工职业生涯规划管理应是一个动态的管理机制，需要不断进行反馈和评估，依据职工自身特点及时纠正职业生涯规划目标。

第四节 旅游行业协会要发挥服务、桥梁和协调作用

旅游行业协会是由中国旅游行业的有关社团组织和企事业单位在平等自愿的基础上组成的，是非营利性的社会组织，具有独立的社团法人资格。行业协会作为政府和市场之外的第三方组织，一直助推着旅游业的发展，在规范旅游市场秩序、共享资源等方面发挥着独特的作用。山东省应广泛发挥旅游行业协会在建设旅游人才队伍的作用，促进行业各主体的交流与合作。

一、发挥行业协会的统筹作用，共建旅游人才分类培养机制

行业协会与市场有着天然的密切关系，因而对市场上人才需求的预测更为准确。可以通过发挥行业协会的统筹作用，将人才分类培养机制有效运转起来。

由行业协会牵头，建立旅游专家顾问团队和专家库。针对海外留学归来等旅游高级人才，可由省旅游发展委员会上报或协调相关部门，给予安家费，放宽落户政策，提供科研启动资金，解决配偶的工作问题、子女的入托入学问题，留住旅游顶尖人才。

由行业协会发起资质认证，在高校本科生阶层开展高校与企业的对接培养。有资质认证的企业或机构可以接收本科实习生，被单位认可后，可直接定级，缩短试用期，降低跳槽风险。所定级别与专科生区别开，如直接定为主管或领班，留住旅游领域的中坚人才。

由行业协会牵线，专科或中专等旅职院校与企业开展更加融合的订单式培养模式。如南京旅游职业学院在 2016 年的教学改革中组建"苏宁班"，学生有机会获得企业的专项奖学金奖励，能够参与苏宁的企业文化活动，并获得与国际品牌酒店的高管近距离交流分享的机会。对于"苏宁班"的优秀学生，毕业后将直接进入"苏宁酒店潜力人才计划"。这样学生在校期间对于企业有所了解，毕业后也可直接到合作企业就业，理论和实践结合，有利于提高学生的专业素养，留住旅游业发展所需的基础人才。

二、发挥行业协会的引导作用，开启培训—评价双模式

"十三五"旅游人才发展纲要中特别提到：引导企业、院校、行业组织和社会机构广泛参与旅游人才在职培训，构建专业化、社会化、多元化的旅游人才在职培训体系。

在职培训是旅游人才质量维稳和提升的重要渠道。由行业协会牵头，集合院校、企业、政府三方的力量，为在职人员提供最优质的培训课程，三方相辅相成、相得益彰。行业协会可以成立旅游人才培训理事会，专门负责在职培训。且由行业协会参照行业人才标准确定人才培育的目标、内容和方式，有利于统筹和协调各方要求。

目前，在经济较为发达的城市和地区，院校、企业、政府三方合作的模式效果已经初显，如2016年上海高等专科学校作为国家旅游局、世界金钥匙饭店联盟（中国区）培训基地，学校积极开展旅游专门人才培训，共举办各类班次43次，培训人员2100多人次；浙江旅游职业学院2016年承办浙江省农办委托的农村实用人才和新型职业农民高级培训项目共计7个：同年农家乐特色村创建点负责人培训班、省级农家乐经营户培训班、省级农家乐示范村负责人研修班、省级农家乐特色村负责人提升班、省级农家乐示范点提高班、省级农家乐示范点负责人研修班、星级农家乐业主培训班，有600人次参与培训①。

另外，由行业协会主导开启评价引导功能，更好地实现山东省旅游人才从硬指标考察向软实力建设的迈进。

---

① 上海市教育科学研究院，麦可思研究院编制.2017中国高等职业教育质量年度报告［R］.高等教育出版社，2017.

首先，行业协会可通过技能大赛，引导业界的评价风向。技能大赛不仅有助于参赛选手职业素养的养成和提升，而且对于业内企业来讲，在大赛期间的观摩交流也有利于促进旅游企业的产品开发和创新。技能大赛像指挥棒一样，引领职业教育的发展。行业协会可建议在技能大赛评价指标中加入"德"这一考核指标，将参赛选手的对客服务意识和服务精神纳入评比标准。

其次，行业协会可通过星评等裁判员角色，发挥其引导功能。如在酒店（景区）的星评或复核中，加大员工曾在各类技能大赛中获奖或顾客反馈好评等软指标的比重，提升员工职业素养，增强整个行业的软实力。

最后，行业协会可通过行业内企业的奖惩，引导评价新标准。如对于能够做到经济效益和社会责任两者兼顾的旅游企业家和企业，给予免费推广宣传其产品的奖励；对导游聘任不合规或出现强制购物等现象的旅行社，给予业内通报批评或进入黑名单的惩罚。

三、充分利用行业协会的信息共享机制，搭建人才信息平台

信息共享是行业协会的功能优势之一，旅游行业综合性和彼此关联性的特点，使其对信息有高敏感度，旅游人才亦是如此，亟须搭建旅游人才公共信息平台。

首先，建立山东省旅游人才（信息）网，可下设 17 地市的分站。将旅游人才信息汇总到平台，给予旅游人才和企业双向选择的机会。这不仅有助于人才的合理流动，也为在校生的实习实训提供了更加广阔的空间。企业参与职业教育，在确保高职院校教学内容、培养规格、人才供给适应产业发展需求等方面发挥着不可替代的作用。通过旅游人才网，在校生可以放心选择由行业协会和院校

共同监督下的企业，企业也可以更加自由地选择所需的员工（实习生）。

其次，行业协会通过编写年度报告等，就行业内人才的情况进行总结，并展望未来，便于企业、院校等编制用人和招生计划，引导业内人才的合理发展。

最后，建立旅游人才黑名单制度。将旅游业失德失信从业人员按照严重程度进行划分，有选择分场域的公布。这一制度虽属惩罚性质，但目的在于杜绝不良行为，起到的应是预警防范作用。而对于违反国家相关法律，受到处罚和判决的人员，一律公布于众，便于保护旅游者和其他旅游从业人员及企业。

第六章　研究总结

　　经过"十二五"时期的快速发展，山东省旅游业已经全面融入全省战略发展体系，成为全省经济社会发展的战略性支柱产业。"十三五"期间，全面建成小康社会、贯彻五大发展理念、推动供给侧结构性改革都为旅游业发展提供了重大机遇，山东省旅游业将迎来新一轮黄金发展期。面对新形势、新任务、新要求，旅游人才队伍建设还存在一系列问题。本书立足于国民经济发展的新形势、新任务、新要求，对山东省旅游产业发展的人才支持体系进行了深入研究，结论如下：

　　第一，"十二五"以来，山东省旅游业发展环境不断优化，旅游改革不断深化，旅游公共服务水平稳步提升，旅游市场主体不断壮大，旅游消费总额、旅游人次节节攀升，总体成效显著，呈现出四个方面的典型特征：（1）旅游业对经济发展的贡献不断增强，近几年，旅游消费收入占 GDP 的比重更是突破了两位数；（2）山东省旅游产业专门化程度不断增强，旅游产业的集聚水平不断提高；（3）"旅游＋新型城镇化""旅游＋农业现代化""旅游＋农业现代化""旅游＋现代服务业"发展成效显著，资源整合与产业融合发展不断深化；（4）信息化战略的大力实施，使旅游业信息化程度不断提高。

　　第二，山东省旅游人才队伍建设成效显著。从总量上看，山东省旅游业从业人数较多，占全国旅游从业人员总数的 7.8%，仅次于广东省，位居全国各省份前列；从人才政策方面看，全省旅游人才队伍建设工作的凝聚力、向心力和战斗力不断增强，在完成各项既定目标的基础上，取得了一些开创性成果，导游管理体制改革取得突破，培训工作更加全面多样，人才奖励力度不断增强；从人才培养方面看，21 世纪以来，山东省旅游专业教育发展规模有所扩大，剔除地区人口基数的影响，山东省旅游教育规模一直在全国处于优势区，且山东旅游教育层次不断提升，旅游教育结构得到优化。

第三，山东省旅游人才队伍建设存在的问题也比较突出。在招聘方面存在新员工、基层员工流失率居高不下，一线人员招聘困难，高级专业人员、复合型人才严重匮乏，新兴旅游业态对口专业人才紧缺等突出问题；在培训开发方面存在从业人员个人素质和专业技能有待提升，服务意识单薄，责任意识欠佳，缺乏具有针对性的培养方案，培训内容和形式单一等问题；在激励方面存在基层员工薪资水平偏低，绩效工资与员工能力不匹配，岗位与人才不匹配，精神激励制度不健全等问题；规划方面存在岗位员工没有相应资质证书，部分行业服务标准不够完善，员工职业生涯规划过于简单等问题。

第四，旅游人才队伍建设是一项系统工程，需要主管部门、行业协会、旅游院校及旅游企业等诸多利益相关方各司其职，通力协作，建立旅游人才成长的平台：旅游主管部门要加强引导和规划管理，即营造崇尚旅游职业的社会氛围，改善人才发展环境，创新旅游人才发展体制，完善人才工作机制，优化旅游人才晋升路径，做好旅游人才规划，强化旅游人才权益保障，构建科学收入体系；旅游行业协会要发挥服务、桥梁和协调作用，即发挥行业协会的统筹作用，共建旅游人才分类培养机制，发挥行业协会的引导作用，开启培训—评价双模式，充分利用行业协会的信息共享机制，搭建人才信息平台；旅游企业要强化人才战略的谋划和运营，即强化企业人才战略，创新人才管理理念，健全企业培训机制，提高旅游人才素质，改革薪酬制度，重视精神激励的作用，基于企业发展战略，制定员工职业生涯规划；旅游院校要明确培养目标和改革办学思路，即明确培养目标，分层次培养旅游人才，加大旅游教育投入，活用学校旅游教育资源，加强师资队伍建设，深化教学体制改革，重构课程体系，多样化教学模式，发展专业学位，对接企业需求。

附　录

国家旅游及相关产业统计分类表

代码			名称	说明	行业分类代码
大类	中类	小类			
10			旅游业		
	111		旅游出行		
		1111	旅游铁路运输		5310
		1112	铁路旅客运输		5331
			客运火车站		
11			旅游道路运输		
	112	1121	城市旅游公共交通服务	仅包括为游客提供的公共电汽车客运、城市轨道交通，出租车客运，摩托车客运，三轮车、人力车客运等服务	541*
		1122	公路旅客运输		5420
	113		旅游水上运输		
		1131	水上旅客运输		551
		1132	客运港口		5531

续表

代码			名称	说明	行业分类代码
大类	中类	小类			
11	114		旅游空中运输		
		1141	航空旅客运输		5611
		1142	通用航空旅游服务	仅包括公共航空运输以外的空中旅游观光、游览飞行等航空服务	5620*
		1143	机场		5631
		1144	空中交通管理		5632
	115		其他旅游出行服务		
		1151	旅客票务代理		5822
		1152	旅游交通设备租赁	仅包括各类轿车、旅游客车、旅行车、活动住房车等旅游用车的租赁，以及旅游船舶、飞行器的租赁	7111*　7119*
12	121		旅游住宿		
		1211	一般旅游住宿服务		6110
		1212	旅游饭店		6120
		1213	其他旅游住宿服务	仅包括家庭旅馆（农家旅舍）、车船住宿、露营地、房车场地、旅居全挂车营地等地住宿服务	6190*
	122		1220 休养旅游住宿服务	仅包括各类休养所为游客提供的住宿服务	8411*

续表

代码			名称	说明	行业分类代码
大类	中类	小类			
13			旅游餐饮		
	131	1310	旅游正餐服务	仅包括在一定场所为游客提供以中餐、晚餐为主的餐饮服务	6210*
	132	1320	旅游快餐服务	仅包括在一定场所为游客提供的就餐快捷、便利的就餐服务	6220*
	133	1330	旅游饮料服务	仅包括在一定场所为游客提供的饮料和冷饮为主的服务，以及茶馆服务、咖啡馆服务、酒吧服务、冰激淋服务、冷饮店服务等	623*
	134	1340	旅游小吃服务	仅包括为游客提供的一般饭馆、农家饭馆、流动餐饮、单一小吃、特色餐饮等服务	6291*
	135	1350	旅游餐饮配送服务	仅包括为民航、铁路及旅游机构（团）提供的餐饮配送服务	6292*
14			旅游游览		
	141		公园景区游览		
		1411	公园管理	各类主题公园、国家公园等公园管理服务，文明旅游宣传引导服务，以及与公园相关的门票管理服务，高风险旅游项目风险提示和培训管理，交通疏散体系管理，突发事件、高峰期大客流应对处置和安全预警管理服务等包含在此类	7851
		1412	游览景区管理	各类游览景区相关的管理服务，以及与游览景区相关的门票服务和培训管理服务，文明旅游宣传引导服务，高风险旅游项目风险提示和培训管理，交通疏散体系管理，突发事件、高峰期大客流应对处置和安全预警管理服务等包含在此类	7852

续表

代码			名称	说明	行业分类代码
大类	中类	小类			
	141	1413	生态旅游游览	仅包括对游客开放的自然保护区，以及动物园（包括野生动物园）、海洋馆、植物园、树木园等管理服务	771 *
		1414	游乐园		8920
			其他旅游游览		
		1421	文物及非物质文化遗产保护	受文物保护的古村镇，以及具有地方民族特色的传统节目展示、手工艺展示，民俗活动展示等包含在此类	8740
		1422	博物馆		8750
		1423	宗教场所旅游	仅包括寺庙、教堂等宗教场所为游客提供的服务	9440 *
		1424	烈士陵园、纪念馆	烈士陵园、烈士纪念馆、爱国主义教育基地等为游客提供的服务包含在此类	8760
14	142	1425	旅游会展服务	仅包括为旅游提供的会议、展览、博览等服务	7292 *
		1426	农业观光休闲旅游	仅包括以蔬果、鲜花等植物的种植和养殖为核心的农业观光休闲旅游服务	0141 * 0143 * 0149 * 015 * 0412 *

续表

代码			名称	说明	行业分类代码
大类	中类	小类			
15			旅游购物		
	151	1510	旅游出行工具及燃料购物	仅包括为游客购买用于旅游活动的自驾车、摩托车、自驾游用燃料、零配件等提供的零售服务	526*
	152	1520	旅游商品购物	仅包括为游客购买旅游纪念品、老字号纪念品、免税店商品、旅游用品（不含出行工具、燃料等）、旅游食品等提供的零售服务	521* 522* 523* 524*
			旅游娱乐		
			旅游文化娱乐		
16	161	1611	文艺表演旅游服务	仅包括与旅游相关的表演艺术（旅游专场剧目表演）和艺术创造等活动	8710*
		1612	表演场所旅游服务	仅包括音乐厅、歌舞剧院、戏剧院等为游客提供的服务	8720*
		1613	旅游室内娱乐服务	仅包括为游客提供的歌舞厅、KTV歌厅、演艺吧等娱乐服务，以及电子游艺厅娱乐活动、儿童室内娱乐游戏、手工制作等娱乐服务	8911* 8912* 8919*
		1614	旅游摄影扩印服务	仅包括与旅游相关的摄影、扩印等服务	7492*

续表

代码			名称	说明	行业分类代码
大类	中类	小类			
16	162		旅游健身娱乐		
		1621	体育场馆旅游服务	仅包括可供游客观赏体育赛事的室内、室外天然体育场地的管理服务	8820 *
		1622	旅游健身服务	仅包括休闲健身场所为旅游提供的健身器械、保龄球、台球、棋牌等服务	8830 *
	163		旅游休闲娱乐		
		1631	洗浴旅游服务	仅包括为游客提供的洗浴、温泉、桑拿、水疗等服务	7950 *
		1632	保健旅游服务	仅包括为游客提供的保健按摩、足疗等服务，以及特色医疗、疗养康复、美容保健等旅游服务	7960 * 8312 * 8313 * 8314 * 8315 * 8316 *
		1633	其他旅游休闲娱乐服务	仅包括公园、海滩和旅游景点内的小型设施服务等	8990 *

续表

代码			名称	说明	行业分类代码
大类	中类	小类			
			旅游综合服务		
			旅行社及相关服务		
		1711	旅行社服务		7271
		1712	旅游管理服务		7272
17		1713	其他旅行社相关服务		7279
			其他旅游综合服务		
		1721	旅游活动策划服务	仅包括与旅游相关的活动策划、演出策划、体育赛事策划等服务	7299*
	172	1722	旅游电子平台服务	仅包括一揽子旅游电子商务平台的运营维护服务	6540*
		1723	旅游企业管理服务	仅包括旅游饭店、旅游景区、旅行社等单位的管理机构服务，以及与旅游相关的行业管理协会、联合会等行业管理服务	7219* 9422*
20			旅游相关产业		
			旅游辅助服务		
21	211	2111	游客出行辅助服务 游客铁路出行辅助服务	仅包括为铁路旅客运输提供的铁路运输调度、信号、设备管理和养护等服务	5339*

续表

代码			名称	说明	行业分类代码
大类	中类	小类			
	211	2112	游客道路出行辅助服务	仅包括为公路游客运输客运提供服务的客运汽车站、公路管理与养护、公路收费站、专业停车场等服务	544*
		2113	游客水上出行辅助服务	仅包括为水上游客运输提供的船舶调度、水上救助等服务	5539*
		2114	游客航空出行辅助服务	仅包括为航空游客运输提供的机场电力管理、飞机供给、飞机维护和安全，飞机跑道管理等服务	5639*
		2115	旅游搬运服务	仅包括独立为游客提供的货物装卸搬运服务	5810*
21	212		旅游金融服务		
		2121	旅游相关银行服务	仅包括支持旅游活动的贷款、消费信贷等服务	6620* 6639*
		2122	旅游人身保险服务	仅包括与旅游相关的人身保险服务	6812*
		2123	旅游财产保险服务	仅包括与旅游相关的财产保险服务	6820*
		2124	其他旅游金融服务	仅包括与旅游相关的外汇服务等	6990*
	213		旅游教育服务		
		2131	旅游中等职业教育	仅包括旅游、导游、酒店等中等职业学校教育	8236*
		2132	旅游高等教育	仅包括旅游、酒店、翻译等高等教育	824*
		2133	旅游培训	仅包括导游、外语、厨师、酒店服务、客车驾驶、飞行驾驶等与旅游相关的培训	8291*

续表

代码			名称	说明	行业分类代码
大类	中类	小类			
21			其他旅游辅助服务		
	214	2141	旅游安保服务	仅包括为铁路、民航、港口、酒店、旅游景区等提供的安保服务	7281* 7282*
		2142	旅游翻译服务	仅包括为旅游提供的翻译服务等	7294*
		2143	旅游娱乐体育设备出租	仅包括用于旅游的自行车、照相器材、娱乐设备、运动器材等出租	7121*
		2144	旅游日用品出租	仅包括用于旅游的纺织品、服装、鞋帽等出租	7129*
		2145	旅游广告服务	仅包括与旅游相关的广告制作、发布、代理等服务	7240*
22			政府旅游管理服务		
	221	2210	政府旅游事务管理	仅包括各级政府部门从事的与旅游相关的综合行政事务管理服务	9121*
	222	2220	涉外旅游事务管理	仅包括各级政府部门从事的旅游签证、护照等涉外旅游事务管理服务	9122*

注：符号 "＊" 表示该行业类别仅有部分内容属于旅游及相关产业。

资料来源：国家统计局，http://www.stats.gov.cn/tjsj/tjbz/201508/20150821_1233792.html。

参 考 文 献

［1］ Goeldner C R, Ritchie J R B. *Tourism*: *Principles*, *practices*, *philosophies* ［M］. Hoboken: John Wiley & Sons, 2006.

［2］ Goeldner. 旅游学（第 10 版）［M］. 北京: 中国人民大学出版社, 2008.

［3］ Leiper N. The framework of tourism: Towards a definition of tourism, tourist, and the tourist industry ［J］. *Annals of tourism research*, 1979, 6 (4): 390 - 407.

［4］ Seetanah B. Assessing the dynamic economic impact of tourism for island economies ［J］. *Annals of Tourism Research*, 2011, 38 (1): 291 - 308.

［5］ Soumyanda D. Social capital in the creation of human capital and economic growth: A productive consumption approach ［J］. *The Journal of Socio-Economics*, 2008 (5): 2020 - 2033.

［6］ 陈志学. 论实现世界旅游强国的人才建设 ［J］. 旅游学刊, 2001 (3): 34 - 38.

［7］ 柴寿升, 龙春凤, 邓丽媛. 青岛旅游业对区域产业结构优化的贡献研究 ［J］. 中国人口·资源与环境, 2012 (6): 152 - 157.

［8］ 陈志学, 余昌国. 旅游人才开发管理中的十大关系 ［J］. 旅游学刊, 2003 (S1): 6 - 9.

［9］ 董皓, 李纪华. 基于因子分析法的陕西省旅游产业影响因素分析 ［J］. 统计与信息论坛, 2013 (12): 88 - 94.

［10］ 高爱颖. 山东省旅游人才队伍建设研究 ［J］. 山东社会科

学，2013（9）：152-155.

　　[11] 郭本海，方志耕．江苏科技人才与新兴产业发展的典型相关分析 [J]．科技与经济，2010（3）：77-81.

　　[12] 何俊阳，贺灵，刘中艳．省域旅游业运营效率及其影响因素的实证分析 [J]．求索，2015（4）：99-103.

　　[13] 李秋雨，朱麟奇，刘继生．中国旅游业对经济增长贡献的差异性研究 [J]．中国人口·资源与环境，2016（4）：73-79.

　　[14] 李天元．旅游学概论 [M]．天津：南开大学出版社，2011.

　　[15] 刘雁．我国旅游管理本科人才培养模式研究新探索 [J]．社会科学战线，2014（2）：275-276.

　　[16] 刘中艳．基于人才集聚效应的旅游饭店业职业经理人激励机制研究 [J]．湖南社会科学，2011（4）：123-125.

　　[17] 山东省旅游条例 [Z]．2017.

　　[18] 邵琪伟．中国旅游大辞典 [M]．上海：上海辞书出版社，2012.

　　[19] 石培华．中国旅游业对就业贡献的数量测算与分析 [J]．旅游学刊，2003（6）：45-51.

　　[20] 唐志强．旅游业对区域经济发展的贡献度研究 [J]．开发研究，2011（5）：59-61.

　　[21] 谢彦君．基础旅游学 [M]．北京：中国旅游出版社，2011.

　　[22] 张丹宇．高校旅游管理专业应用型创新人才培养模式 [J]．学术探讨，2015（2）：73-77.

　　[23] 张陆，徐刚，夏文汇，杜晏．旅游产业内部的行业层次结构问题研究——兼论旅游产业和旅游业的内涵及外延 [J]．重庆工学院学报，2001（6）：21-24.

　　[24] 赵蕾．旅游业对黑龙江省经济社会发展的贡献分析 [J]．黑龙江社会科学，2009（4）：74-76.

　　[25] 王克．牢记绿色发展使命　推动经济高质量发展 [J/OL]．人民政协网，http：//www.rmlt.com.cn/2019/0920/557345.shtml.

[26] 高培勇. 深入理解和把握经济高质量发展 [N]. 人民日报, 2020 – 05 – 07 (9).

[27] 陆喜元, 马奋强, 石应虎. 现代化治理的六个特征 [N]. 甘肃日报, 2018 – 07 – 27 (5).

[28] 丁荣贵, 费振国. 项目治理研究的迭代过程模型 [J]. 东岳论丛, 2008, 29 (3): 67 – 74.

[29] 刘兴智. 项目治理社会网络风险分析 [M]. 北京: 经济科学出版社, 2014.

[30] 上海市教育科学研究院, 麦可思研究院编制. 2017 中国高等职业教育质量年度报告 [M]. 北京: 高等教育出版社, 2017.

[31] 张薇. 民族地区旅游人才培养与发展战略探究——评《内蒙古旅游人才发展战略研究》 [J]. 中国教育学刊, 2020, 323 (3): 139 – 139.

[32] 顾慧茹. 基于 HPF 视角对疫情下旅游业高质量发展的路径探索 [A]. 2020 中国旅游科学年会论文集旅游业高质量发展 [C]. 2020.

[33] 孙静, 刘薇. "新旧动能转换" 背景下山东乡村旅游人才培训体系研究 [J]. 中国成人教育, 2019 (4): 93 – 96.

[34] 丁晓娜. 优质旅游新时代背景下旅游人才培养模式研究 [J]. 旅游纵览 (下半月), 2020, 319 (5): 175 – 176, 179.

[35] 刘雅婧, 杜辉. "旅游 + 文化" 背景下旅游人才培养及教育对策研究——以导游专业人才培养为例 [J]. 旅游纵览 (下半月), 2020, 311 (1): 209 – 210.

[36] 张洪占. 全域旅游背景下中职旅游人才培养供给侧优化方法探究 [J]. 大众标准化, 2020, 313 (2): 182 – 183.

[37] 刘苏衡, 穆杰, 石洁. 旅游新业态背景下的旅游管理人才需求及培养思路 [J]. 智库时代, 2020 (3): 239 – 240.

[38] 黄婧. 特殊时期旅游行业人才可持续培养的路径——以武汉软件工程职业学院旅游管理专业为例 [J]. 营销界, 2020 (38): 190 – 191.

［39］陈胜花．智慧旅游时代创新创业型高职旅游人才培养路径研究［J］．教师，2020，419（8）：82－83．

［40］姜绍华．以新型旅游人才培养为引擎加快山东旅游业高质量发展［J］．山东经济战略研究，2020（8）：14－17．

后　记

随着我国经济社会发展迈入高质量发展阶段，旅游产业发展也迎来了新的历史机遇。由于旅游产业具有绿色低碳、带动效应明显等典型特征，未来必将在国民经济发展进程中扮演重要角色。而山东省作为旅游大省、文化大省、农业大省，旅游产业战略地位更加明显。人才是基础，人才是保证，人才支撑体系是旅游业持续发展的关键所在。《山东省旅游产业发展的人才支持体系研究》这一课题正是在这样的时代背景下被立项为山东省社会科学规划研究项目重点项目（项目编号16BLYJ02）。本书就是在该项目的支持下得以完成。

项目选题、立项、实地调研、数据分析、论文发表、报告撰写，历经两年时间，在此基础上又经过整理完善，最终形成了本书的书稿。在此过程中，得到了多位领导、老师、同学的关心、帮助和支持，他们分别为山东财经大学工商管理学院刘军院长、邢楠楠副院长、史宏建主任、刘海玲老师、于潇老师、杨静老师、于伟老师、张彦老师、李庆婕同学、马倩云同学，再一次衷心地感谢他们。特别感谢我的妻子刘荣坤女士，感谢她多年来对家庭的照顾，感谢她的宽容和理解。

本书引用和参阅了大量文献资料，感谢这些专家、学者的前期探索。

刘兴智

2021 年 4 月于山东财经大学

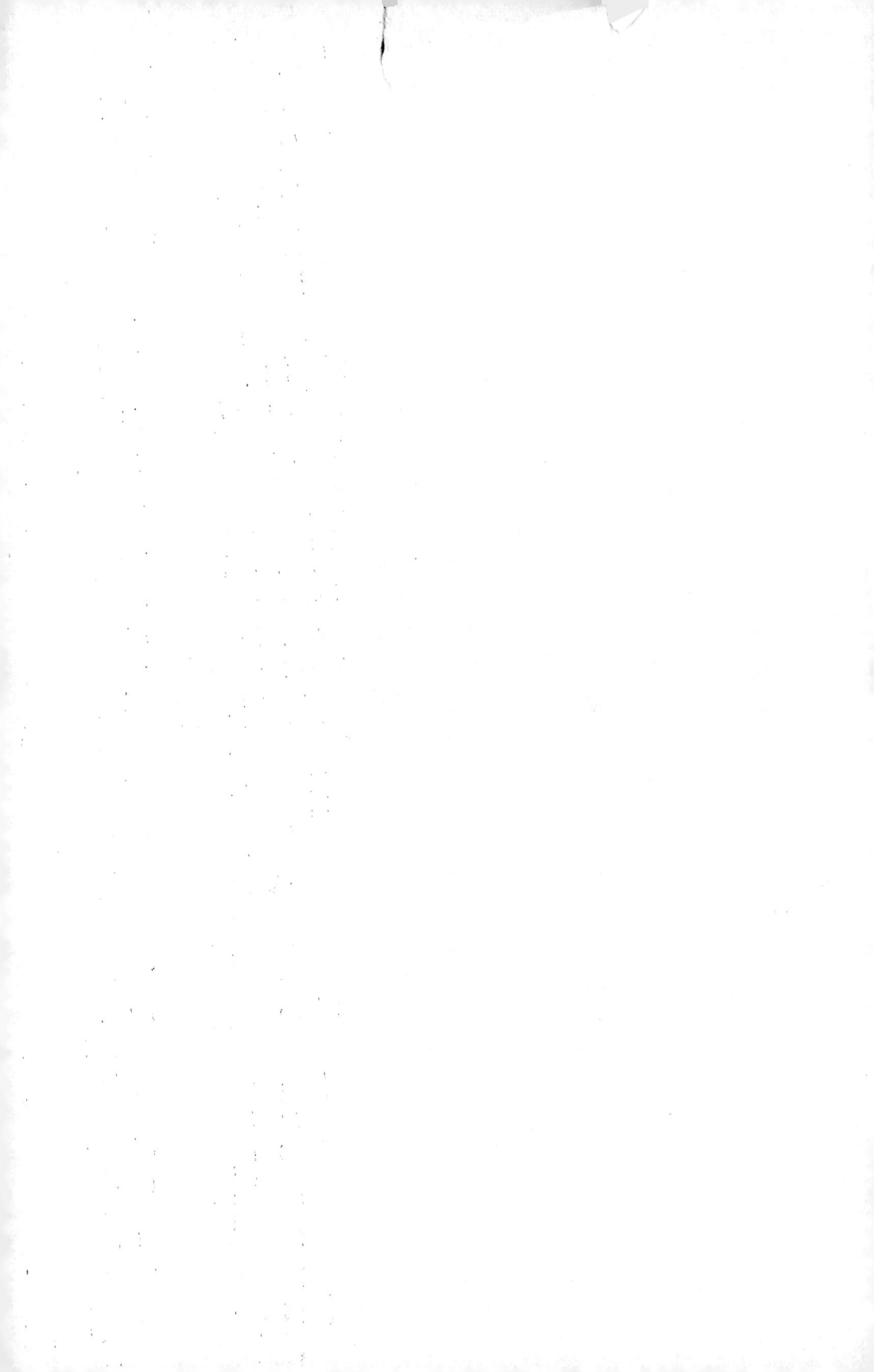